Sarah Kofman

사라 코프만 / 유서연

<컴북스이론총서>는
현대를 호흡하는 사상가들을 소개합니다.
단순한 사상의 축약, 해제가 아닙니다.
해당 사상가를 연구해 온 전문가가 직접
사상가의 핵심 키워드 10개를 뽑아 해설하고 비평합니다.
인간과 비인간, 현실과 가상, 문화와 야만의
경계를 넘나드는 모든 사상을 싣겠습니다.
오늘을 살아가는 모든 이의 나침반이 되겠습니다.

컴북스이론총서

사라 코프만

유서연

대한민국, 서울, 커뮤니케이션북스, 2025

사라 코프만

지은이 유서연
펴낸이 박영률

초판 1쇄 펴낸날 2025년 12월 22일

커뮤니케이션북스(주)
출판 등록 제313-2007-000166호(2007년 8월 17일)
02880 서울시 성북구 성북로 5-11
전화 (02) 7474 001, 팩스 (02) 736 5047
commbooks@commbooks.com
www.commbooks.com

ISBN 979-11-430-1606-5 04160

책값은 뒤표지에 표시되어 있습니다.

아우슈비츠 이후의 삶, 철학, 여성들

사라 코프만(Sarah Kofman, 1934~1994)은 프리드리히 니체(Friedrich Nietzsche)와 지크문트 프로이트(Sigmund Freud), 자크 데리다(Jacques Derrida)를 비롯한 여러 철학자들의 사상을 독특하게 재해석한 프랑스의 여성 철학자이자 자전적 전기 작가다. 1934년 파리의 유대인 랍비 가정에서 태어났다. 열악하고 가난한 집안 사정 탓에 쥘페리 고등학교를 장학생으로 다녔고, 이후 고등사범학교 준비반에서 전액 장학금을 받았다. 1955년 경쟁시험을 거쳐 고등사범학교 '여자' 부문 입학 허가를 받고 역시 장학생이 되었다. 1960년 교수자격시험(agrégation)에 합격한 후 툴루즈에서 철학 교사 생활을 시작했고, 1976년 질 들뢰즈(Gilles Deleuze)의 지도하에 파리8대학에서 박사 학위를 취득했다. 1970년부터는 파리1대학에서 강사로 재직했으며, 1991년 같은 대학에서 철학과 정교수가 되었다. 이때 이미 코프만의 철학서들은 여러 언어로 번역되어 국제적으로 명성을 떨쳤고, 그 사유와 작품성을 인정받은 상태였다.

코프만은 1969년 평생의 친구이자 동료였던 데리다를 만났으며, 그와 함께 갈릴레출판사에서 "철학의 실제(La philosophie en effet)" 총서를 출간했다. 코프만은 전 생애에 걸쳐 스물여섯 권에 이르는 방대한 저작을 남겼는데, 이를 대략 세 부분으로 나누어 정리하면 다음과 같다.

첫째, 코프만은 니체와 프로이트 전문가로서 그들에 대한 뛰어난 작품들을 남겼다. ≪예술의 유년기: 프로이트 미학의 해석(L'Enfance de l'art: Une interprétation de l'esthétique freudienne)≫(1970), ≪니체와 은유(Nietzsche et la métaphore)≫(1972), ≪니체와 철학의 장면(Nietzsche et la scène philosophique)≫(1979), ≪여성의 수수께끼: 프로이트 저작에 나타난 여성(L'énigme de la femme: La femme dans les textes de Freud)≫(1980), ≪폭발 I: 니체의 ≪이 사람을 보라≫(Explosion I: De l'"Ecce Homo" de Nietzsche)≫(1992), ≪폭발 II: 니체의 아이들(Explosion II: Les enfants de Nietzsche)≫(1993) 등이 그 대표작이다.

둘째, 코프만은 데리다에 관한 저작 ≪데리다 읽기(Lectures de Derrida)≫(1984)를 비롯해 오귀스트 콩트(Auguste Comte), 제라르 드 네르발(Gérard de Nerval), 장 자크 루소(Jean-Jacques Rousseau)와 이마누엘 칸트(Immanuel Kant), 윌리엄 셰익스피어(William Shakespeare) 등

여러 작가들에 관한 저서를 남겼으며, 이들 남성 철학자와 작가의 작품에 나타나는 여성의 지위와 위치에도 관심을 기울였다. ≪착란: 오귀스트 콩트의 여성-되기(Aberrations: Le devenir-femme d'Auguste Comte)≫(1978), ≪네르발: 반복의 매력(Nerval: Le charme de la répétition)≫(1979), ≪여성에 대한 존중: 칸트와 루소(Le respect des femmes: Kant et Rousseau)≫(1982)가 그 주요 작품들이다.

셋째, 코프만의 텍스트와 철학적 입장은 그의 자전적 전기를 언급하지 않고서는 요약할 수 없다. 대표작으로는 ≪숨 막히게 하는 말들(Paroles suffoquées)≫(1987), ≪오르드네가(街), 라바가(Rue Ordener, rue Labat)≫(1994)가 있다.

코프만은 나치 파리 점령 시기에 보냈던 유년기를 회상하는 자전적 전기 ≪오르드네가, 라바가≫를 1994년 출간하고 얼마 뒤, 니체 탄생 150주년이 되던 날 60세의 나이에 자살했다. 비극적인 유년 시절과 극적 죽음은 코프만의 삶과 지적 여정에 대한 호기심을 불러일으키기 쉽지만, 사실 코프만은 결코 가볍게 읽을 수 있는 철학자가 아니다. 그 철학적 텍스트에서 역사의 결과를 보고 들을 수 있는 예외적이고 뛰어난 철학자이기 때문이다. 또한 "텍스트로서의 삶, 그리고 삶으로서의 텍스트"(Cohen-Levinas, 2021: 229)를 지향한 코프만의 글쓰기는 삶과 텍스트가 얽혀 있어 그 씨줄과 날줄을 명확하게 분리하기 힘들기 때문이다.

철학자 사라 코프만, 자전적 전기 작가 사라 코프만

철학자로서 코프만은 자전적 전기 작가로서 코프만과 불가분하게 연결되어 있다. 코프만은 새로운 형태의 철학적 분석과 글쓰기를 시도했다. 즉 일종의 철학적·자전적 전기를 썼다. 특히 코프만은 아우슈비츠에서의 아버지의 죽음을 다룬 ≪숨 막히게 하는 말들≫과 유년기의 경험을 다룬 마지막 자서전 ≪오르드네가, 라바가≫에서 삶과 철학, 삶과 텍스트가 하나로 얽힌 새로운 글쓰기를 통해 자신을 철학자로, 자전적 전기 작가로 이끈 원천이 무엇인지 보여 준다.

아우슈비츠에서의 아버지의 죽음과 두 어머니 즉 유대인 친어머니와 자신을 숨겨 준 프랑스인 양어머니를 둘러싼 유년기의 분열된 경험은 시대의 비극과 맞물려 있으며 코프만이 스물여섯 권에 이르는 철학서와 자전적 전기를 집필하는 원동력이 되었다. ≪오르드네가, 라바가≫에서 코프만은 히브리어로 노래하고 부활절을 포함한 모든 유대인 제례를 치르던 유년 시절을 상기한다. 또한 아버지가 남긴 유일한 유품인 만년필을 학창 시절부터 항상 소지하며 그것이 끊임없이 글을 쓰고 또 써내려 가는 소인이었음을 고백한다. 또한 "나의 많은 책들은 아마도 '이것(ça)'을 이야기하는 데 이르기 위한 어쩔 수 없는 우회로였다"고 고백한다(Kofman, 1994b: 9). 코프만은 그동안 "이것", 즉 아우슈비츠로 대변되는 유년기의 비극적 체험과 이야기를 직접적·구체적으로 설명하지 않아도 되는 수단으로서 철학을 선택했다고 말한다.

> 과거에 일어난 모든 사건은 하나의 설명을 요구했다. 하지만 여러 해 동안 나는 나의 문제들, 나의 생각들을 공포 속에 몰아넣었다. 나는 아버지의 이름을 말할 힘도 없었다. 이론적인 작업은 나의 생각들을 공포 속으로 몰아넣는 데 도움이 되었다. 나는 공포에 관한 아무런 그림도 갖고 있지 않았기 때문이다. 철학은 모든 분야 중에서도 가장 추상적인 학문이다. 따라서 사람들은 그것을 꼭 눈으로 보지 않더라도 뭔가를 말할 수 있다. 나는 죽음에 관해 이야기하지만, 그렇다고 내가 그것을 눈으로 보는 것은 아니다. 나는 스스로 어떤 그림들도 그리지 않았다. 바로 그것이 나를 구원해 주었다.(Rullmann, 2005: 696)

한편 코프만은 철학적 아카데미로 편입하려 시도함으로써 어느 정도 뒤로 물러나 정치에 관여하지 않으려는 자세를 사생활에서 가능한 한 엄격하게 유지했다. 일견 코프만은 여러 남성 철학자들에 대한 충실한 독해를 통해 공적으로 "지성적인 유대인 여성"이 된 듯하지만(Ullern, 2018: 348) 이로써 코프만은 비로소 자신의 삶과 얽혀 있는 이야기들을 증언할 수 있게 되었다.

코프만의 자전적이고 철학적인 여정을 가장 확실하게 나타내는 것은 여성과 유대인이라는 이중의 수수께끼다. 아버지와 같은 유대인이자 두 어머니와 같은 여성이라는 중층적 타자성은 아우슈비츠 이후의 생존 문제와 함께 아우슈비츠 이후의, 아우슈비츠를 넘어서는 말하기와 글쓰기가 어떻게 가능한가라는 문제를 제기하고 풀어 나가는 데 실마리가 되었다.

프로이트·니체 연구와 해체주의적 독해

철학자로서 코프만은 프로이트·니체 전문가의 면모가 두드러진다. 주된 철학적 업적 역시 프로이트와 니체에 대한 독특한 해석이다. 코프만이 프로이트 정신분석학 연구에 천착하게 된 뚜렷한 동기는 무엇보다도 아우슈비츠에서 일어난 아버지의 죽음과 유년기 이후 아버지의 부재 탓에 발생한 아버지 콤플렉스라고 할 수 있다. 프로이트는 아버지의 우상화를 모든 신학과 형이상학의 핵심으로 보며, 위대한 예술가들과 그들의 예술 작품에 흐르는 주제 역시 오이디푸스 콤플렉스로 해석한다. 유대인 랍비인 아버지의 아우슈비츠에서의 죽음은 평생 코프만의 삶과 글쓰기를 집요하게 따라다니는 소인이었으며, 그 이면에는 프로이트적인 아버지의 우상화와 오이디푸스 콤플렉스가 자리함을 코프만의 여러 작품들을 통해 유추할 수 있다.

코프만이 니체 연구에 천착한 이유 역시 그가 평생 지녔던 유대인성에 대한 자각 그리고 그 한계를 뛰어넘는 철학적 성찰과 깊이 관련된다. 코프만이 ≪유대인에 대한 경멸: 니체, 유대인, 반유대주의(Le mépris des Juifs: Nietzsche, les Juifs, l'antisémitisme)≫(1994)에서 언급하듯 니체의 목소리로 유대인과 반유대주의에 대한 문제를 이해한 것은 니체의 문집이 오랫동안 위조와 그릇된 해석의 대상이 되어 온 상황에서 커다란 지적 용기를 발휘한 행위였다. 이러한 맥락에서 코프만은 자신의 니체 연구에 다음과 같은 조건을 내건다.

> [나의 니체 연구는] 니체의 '젊은 시절의 과오'를 법정에 세워 비난하기 위한 것이 아니라, 니체와 유대인 그리고 반유대주의와의 관계는 독일의 역사 또는 니체 자신의 역사, 즉 '니체'가 되는 역사와 단절될 수 없음을 강조하기 위한 것이다. 이 '니체'가 되는 역사는 그의 환경과 편견과의 단절, 바그너와의 결별 그리고 바그너가 유대인성에 반대해 행한 모든 폭력적인 정죄적 판단과의 결별을 절대적으로 요구했다.(Kofman, 1994c: 84)

니체는 위대한 고대 그리스 비극에서 출발했다. 고대 그리스인들이 제공한 비극의 소재는 니체적 사유의 첫 약동을 함양했다. 니체는 우리에게 디오니소스의 형상, 즉 끊임없이 자라나는 근원적 기쁨이라는 승리의 패러다임을 환기한다. 비극은 니체가 보기에 가장 노예 같은 지적 형태인 변증법에 반대하는 생의 약동과 긍정의 힘을 표상한다. 니체는 변증법을 통해 비극을 극복하려 하지 않았다. 오히려 게오르크 빌헬름 프리드리히 헤겔(Georg Wilhelm Friedrich Hegel)의 변증법이 도달할 수 있는 이성적 전체성, 전체주의와 반유대주의 사이에서 위험하게 전개될 수 있는 관계를 예감했다. 이러한 맥락에서 니체주의적 비극은 니체와 유대인의 관계에 대한 코프만의 분석을 지탱한다.

그것은 유대인 문제를 넘어서고 극복하고 해결하고 청산하는 헤겔의 지양(Aufhebung)을 통해 유대인에 대한 배척으로 나아가는 전체주의적 사고가 아니라 유대인과 유대인성에 대한 긍정과 차이의 인정으로 나아가는 실마리가 된다. "이러한 의미에서 니체는 코프만의 유일한 대화자"로 해석되기도 한다(Cohen-Levinas, 2021: 248).

68혁명 이후 동일성과 전체주의의 폭력에 반대하면서 대두한 차이에 대한 찬양과 수사학적 차이의 정치라는 기류는 프로이트와 니체를 위시한 사상가들에 대한 코프만의 독해에도 깊은 영향을 미쳤다. 이들에 대한 '해체주의적' 독법은 ≪예술의 유년기≫와 ≪니체와 은유≫ 등 초기 저작에서부터 코프만을 이끈 독특한 독해 방식이다.

코프만은 ≪예술의 유년기≫에서부터 프로이트의 작품 해체에 관심을 보였고, 정신분석학과 데리다의 해체주의 간 소통적 공감대를 강조했다. ≪예술의 유년기≫에서 코프만이 행한 프로이트에 대한 해체주의적 독해는 프로이트를 '형이상학의 공모'와 분리하고 그가 근본적으로 새로운 진리의 차원을 열어 나간다고 해석한다. 이에 따르면 프로이트에게 원초적이고 근원적인 진리란 존재하지 않으며, 진리는 항상 다가오는 것이다. 더 나아가 ≪여성의 수수께끼≫에서 코프만은 '여성이라는 진리란 존재하지 않고 포착되지 않는다'라는 니체와 데리다의 테제를 오가며 프로이트에 대한 해체주의적 독해에 힘을 싣는다. 코프만은 ≪여성의 수수께끼≫에서 프로이트의 정신분석학이 남근선망으로 귀착하는 남근중심적 담론에 빠진다고 비판하면서도, 프로이트를 형이상학자라고 비난하기보다는 여성으로 표상되는 진리란 없다는 니체적 의미에서의 여성관과 진리관을 끌어들여 '니체적 프로이트'라는 독특한 해석을 제시한다.

아울러 코프만의 니체 해석은 프로이트적이다. 이는 특히 초기작인 ≪니체와 은유≫에서 개념적 사유 비판과 더불어 두드러지게 나타난다. 코프만은 서양 철학에서 전(前) 소크라테스 그리스 철학자들의 모델이 아리스토텔레스 모델로 교체되면서 개념이 은유를 삭제했고, 은유의 망각이 개성과 차이의 삭제로 귀착하고 있다고 본다. 여기서 코프만은 프로이트의 정신분석학 모델을 도입해 본능적이고 무의식적인 은유적 활동과 그것이 개념에 의해 억압되는 과정을 설명한다. 은유는 모든 본능의 일반적 형태며, 인간은 '이성적 동물'이 아니라 '은유적 동물'이다. 의식적 활동은 은유적 활동인 무의식적 활동의 연장이자 무의식적 활동의 표현이 우회되거나 승화된 형태로, 무의식적 활동 없이는 이해할 수 없다. 그러나 의식적 활동으로서 개념은 그 자체가 은유적 활동의 산물임에도 불구하고 은유적 활동을 본질적인 일반화 과정에 종속시키고 그 특성을 은폐함으로써 은유의 망각에 결정적 역할을 한다. 즉 코프만은 개념이 은유의 망각에 “이차적 억압을 유지하는 반(反)집중(contre-investissement. 프로이트 정신분석학에서 자아가 내면의 욕구나 충동을 억제하는 힘을 의미한다)적인 힘의 역할”을 담당한다고 주장하며, 프로이트 정신분석학적 모델에 입각한 니체 해석을 제시한다.

코프만은 자신의 작업이 프로이트·니체와 같은 철학자들과 자신을 동일시하는 모방적 글쓰기라고 서술한다. 그러나 코프만의 글쓰기가 여러 철학자들에게 너무 충실하고 반복적이어서 창조적 독창성이 부족하다는 평가에는 의문의 여지가 있다(Deutscher, 1999: 160). 프로이트와 니체를 비롯한 남성 사상가들에 대한 코프만의 독해가 그들의 텍스트를 충실히 따라가며 반복되는 듯하지만, 실상 그것은 그 텍스트들에 대한 단순한 논평이라기보다 텍스트에 전복적으로 ‘개입’하는 해체주의적 독해이기 때문이다(Deutscher, 2000: 159).

데리다가 해체는 개입이라고 말할 때 그 함의는 “안정성, 모순, 이상화와 평가절하의 불안정한 힘들에 대한 면밀한 주의를 통해서 다르게 읽으라고 촉구”하는 것이다.

또한 성공적 해체는 텍스트를 변화시키며, 텍스트를 더욱 “이국적인 것으로, 즉 우리에게 낯선 것”으로 만든다(Deutscher, 2007: 46, 50). 이와 마찬가지로 여러 남성 철학자들과 자신을 동일시하고 그들을 모방하는 코프만의 독해는 단순 반복을 통해 텍스트를 강화하는 것이 아니라 텍스트에 독창적이고 비판적으로 개입한다. 이로써 텍스트에 대한 ‘다르게 읽기’가 이루어짐을 잊어서는 안 될 것이다.

페미니즘과의 교차

> 나는 여성이 억압받고 있다고 분석하는 페미니즘 운동에 합류할 수 없다. 나는 전쟁 기간 동안 유대인이라는 사실(나는 ≪오르드네가, 라바가≫라는 내 경험에 입각한 자서전적 글을 출간할 것인데) 때문에 고통받았고, 이러한 측면에서 나는 여성들에 대한 억압이라는 것이 나를 웃게 할 것임을 알고 있었다. 한 성이 다른 성보다 더 어려움에 처해 있다는 성의 분리의 문제를 넘어 우리는 비참함 속에 있었다. 내가 학업을 계속하기 위해 인식했던 장애물들은 내 어머니의 억압에도 불구하고 돈의 부족이라는 전쟁의 결과물이었지 나의 성에 기인한 것은 아니었다.(Ullern, 2018: 331)

코프만은 1994년 ≪오르드네가, 라바가≫가 출간되기 직전에 이루어진 이 인터뷰에서 자신은 여성이 억압받고 있다고 주장하는 페미니즘 운동에 동조할 수 없다고 분명히 밝혔다. 이보다 3년 앞서 진행한 인터뷰에서도 코프만은 페미니즘에 대한 자신의 입장을 밝힌 바 있다. "나는 대학에서의 나의 상황에 대해 여성으로서 고통받는다고는 결코 느낀 적 없다. 내 고통의 일차적 문제들은 나의 유대인성의 수위에 머물러 있었고, 나는 유년기에 많이 고통받았다. 나는 더 이상 학교에 갈 권리가 없었고, 나의 아버지는 강제 수용소에 수감되었으며, 나는 전쟁 기간 동안 수배되었다."(Kofman, 1993: 19)

이처럼 코프만은 유대인으로서 자신의 정체성을 부각하고 강조한 데 반해 자신을 한 번도 "페미니스트"로 규정한 적이 없다. 그러나 코프만은 페미니즘을 부정하기보다는 양가적 감정을 드러냈으며, 1980년 전후 출간된 몇몇 작품들은 명백하게 페미니즘적 관심을 나타낸다. 이 작품들을 제외하면 코프만이 여성이라는 성을 뛰어넘은 명예 남성 철학자로서 고도로 사변적인 철학을 구축한 것처럼 보이기도 한다. 그러나 스물여섯 권에 이르는 코프만의 저서들을 깊이 있게 살펴보면, 그가 서구의 유수한 남성 사상가들의 철학적이고 사변적인 체계 안에 '여성'이나 '여성적인 것'이 부재했음을 일관적으로 보여 준다는 사실을 알 수 있다. 또한 코프만의 관심은 철학 내부의 여성보다는 남성 철학자들이 그들 안에 있는 여성성을 억압하는 양상을 향해 있다. 이러한 측면에서 퍼넬러피 도이셔(Penelope Deutscher)는 코프만이 "철학사에서 여성성에 대한 남근중심적 해석을 탐구하며, 이러한 해석이 철학 체계의 맹점과 약점을 보여 주는 징후"를 나타낸다고 적극적으로 주장하기도 한다(Deutscher, 2000: 158). 도이셔에 따르면 코프만은 니체, 프로이트, 헤겔, 플라톤, 칸트, 루소 등의 작품에서 여성성에 대한 남근중심적 투사를 분석하면서 뤼스 이리가레(Luce Irigaray)와 같은 지점에 주의를 기울인다(Deutscher, 2000: 159).

1980년대 전후의 작품 중, 코프만이 표면적으로도 명확하게 페미니즘적 관점에서 집필한 저서는 ≪여성의 수수께끼≫와 ≪여성에 대한 존중≫이다. 주로 정신분석학적 관점에서 여성의 섹슈얼리티, 그에 대한 남성들의 갈망과 가공할 만한 공포, 남성 철학자들이 지닌 그들 자신의 여성성에 대한 편집증적인 거부와 은폐 등을 분석한 대목은 페미니스트들의 관심을 끌기에 충분했다. 특히 ≪여성에 대한 존중≫은 여성에 대한 남성들의 존중의 태도와 관련해 그들의 본성에 깃들어 있는 여성성에 대한 거부와 여성공포에 정신분석학적으로 접근한 책이다.

코프만에 따르면 존중은 거리두기, 후퇴 그리고 매혹적인 것의 지나친 근접성에 대한 거부감을 의미한다. 존중은 거리감의 감정, 각자에게 맞는 위치에 대한 감정이며, 타인과의 적절한 거리감을 유지하는 것으로서 자신의 자리를 지키는 법을 아는 것을 의미한다. 자신의 위치에 머무는 것은 다른 성별(sexe)을 모방하기 위해 자신으로부터, 자신의 성별로부터 벗어나지 않음을 의미한다. 한 성별이 다른 성별을 모방하려는 것은 이성의 결여와 성적 도착의 극치다. 이러한 맥락에서 남성들에게 유일하게 실제적이고 가공할 만한 위험은 본질적 속성의 박탈, 즉 남성성의 상실과 여성화다. 따라서 남성들은 여성들로부터 거리를 두고 그들을 존중하며, 그들을 존중하게 만드는 것을 요한다. 남성들은 존중의 거리에 기반해 여성들 앞에서 정중하게 행동하며, 여성들은 자신의 연약함에도 불구하고 존중 덕분에 여왕처럼 지배한다. 코프만은 더 나아가 여성에 대한 존중에 깃들어 있는, 여성의 섹슈얼리티에 대한 남성들의 갈망과 두려움을 분석하면서 "여성에 대한 존중은 … 성적 경제(économie sexuelle)의 핵심"이라고 말한다. "항상 남성의 성에서는 무언가를 절약하는 것이 관건이다. 그를 과도한 지출, 여성에 대한 성적 탐욕, 여성들의 남근적이고 거세하는(두려워하면서도 갈망되는) 전능한 힘으로부터 보호해야 한다."(Kofman, 1982: 15-16)

≪여성에 대한 존중≫보다 2년 먼저 출간된 ≪여성의 수수께끼≫에서 코프만은 프로이트의 가상 강연 "여성성(Die Weiblichkeit)"에 대한 치열한 분석과 해체, 그 해체가 동반하는 비판적 개입을 통해 프로이트에 대한 '다르게 읽기'를 수행한다. 이로써 프로이트 정신분석학의 명확한 한계점을 고지하는 동시에 그것을 수용하고 발전시켜 나갈 수 있는 지점 역시 열어 둔다. 코프만은 ≪여성에 대한 존중≫에서와 마찬가지로 ≪여성의 수수께끼≫에서도 여성의 섹슈얼리티에 대한 남성 철학자들과 남성 정신분석학자들의 공포감을 부각한다. 특히 나르시시스트 여성 앞에서 그들의 대경실색하는 공포감이 극대화된다. 냉담하고 자기충족적인 나르시시스트 여성은 심연 속에서의 침묵을 통해 접근 불가능하고 환원 불가능하며 냉혹한 존재가 된다. 그리고 그 불가해한 낯섦으로 인해 침묵하는 여성은 남성에게 공포감을 주는 존재가 된다.

또한 코프만은 ≪여성의 수수께끼≫에서 프로이트 정신분석학에 내재한, 여성과 어머니의 성에 직면했을 때 느끼는 공포와 그것을 덮고 정면으로 바라보지 못하게 하는 페티시, 즉 가리개용 해결책으로서 남근선망 이론을 철저하게 파헤치고 비판적으로 분석한다. 그럼에도 프로이트를 모방하고 반복하면서 이루어지는 코프만의 해체주의적 독해는 여성성을 양성성으로 바라보고 성의 이분법(binarisme sexuel)을 거부하면서 그 맹아가 이미 프로이트에게 있었음을 드러내고 그것을 수용한다. 즉 프로이트 자신이 양성성이라는 여성성의 문제를 해부학적·심리학적 측면에서 이분법적으로 결정되기 힘든 문제로 봤다고 간주한다.

코프만과 이리가레는 둘 다 프로이트의 남근중심주의를 비판했다는 접점이 있다. 그러나 코프만은 이리가레가 프로이트 텍스트의 복잡성을 간과했다고 본다. 코프만은 이리가레와 달리 양성성으로서의 여성성이나 마조히스트 남성에 대한 프로이트의 견해를 예로 들면서 여성성과 남성성의 경계가 모호해지는 지점에서 프로이트를 옹호한다. 아울러 프로이트에 대한 해체주의적 해석에 의거해 본질적인 여성성이나 성차(la différence sexuelle)를 인정하지 않는다. 이러한 지점에서 코프만의 여성철학은 "남성적 동일성으로 환원될 수 없는 진정한 의미의 성차"를 복원하는 이리가레의 기획과 노선을 달리한다. 또한 성차화된 몸이라는 여성의 정체성을 주제로 글을 쓰는 이리가레의 여성적 글쓰기와는 다른 형태의 글쓰기, 즉 항상 다른 성별(sexe)로서 글을 쓸 수 있는 가능성에 주목한다. 이러한 맥락에서 코프만은 성차라는 고정된 위치(position)보다 유연하고 유동적인 "위치 설정(positionnement)" 개념, 그리고 성차는 정체성이 아니라 경유하는 통로라는 의미에서의 운동을 가리키는 '경유하는 성차'라는 독특한 관념을 암시한다.

이처럼 코프만은 ≪여성에 대한 존중≫과 ≪여성의 수수께끼≫에서 남성 철학자들과 프로이트의 텍스트를 해체함으로써 성의 이분법과 고정된 성차를 넘어서는 새로운 정신분석학 모델을 제시한다. 단, 이 책은 자료를 구하는 과정의 어려움 탓에 페미니스트들에게 더 주목받았던 ≪여성의 수수께끼≫에 집중해, 코프만의 (여성)철학 그리고 페미니즘과의 교차를 보여 주고자 했음을 밝혀 둔다.

이 책의 구성

지면상 무수한 철학자들을 다룬 코프만의 방대한 저작들을 모두 소개하기는 어렵다. 따라서 이 책을 크게 세 부분으로 나누어 집필했다. 첫째 부분은 코프만이 인생의 끝자락에서 썼던 자전적 전기들에 초점을 맞추며, 유대인이자 여성이라는 중층적 타자성을 지니고 항상 의식했던 코프만이 그것을 어떻게 자신의 철학적 글쓰기에 투영했는지 살펴본다. 둘째 부분에서는 니체와 프로이트 전문가로서 코프만을 부각하되, 그중 가장 중요하고 유명한 저서들을 소개하고 해설한다. 이 두 부분에서는 ≪예술의 유년기≫, ≪니체와 은유≫, ≪니체와 철학의 장면≫, ≪숨 막히게 하는 말들≫, ≪오르드네가, 라바가≫를 다룬다. 셋째 부분에서는 프로이트의 텍스트 "여성성"에 대한 비판적이고 해체주의적인 독해인 ≪여성의 수수께끼≫를 다루면서 여성주의적 정신분석학의 한 가능성을 제시한다. 또한 말미에 이리가레나 데리다와 차별화되는, 성차에 대한 코프만의 입장을 제시한다.

코프만의 주요 저작은 영미권에서는 거의 모두 번역 출간되었고, 그 외 여러 나라의 언어로 번역되어 국제적으로 널리 알려졌다. 그럼에도 우리말로는 아직 한 권도 번역되거나 소개되지 않았음에 안타까움을 느낀다. 이러한 실정에서 이 작은 책이 코프만의 사유의 여정을 전체적으로 아우를 수는 없으며, 더군다나 가히 천재적이라고 할 만한 그 깊이 있는 사유에 온전히 가닿을 수는 없을 것이다. 그러나 간략하게나마 코프만의 사상을 소개하고, 이를 통해 코프만에 대한 연구와 번역에 물꼬가 트이기를 바라는 마음에서 이 책을 집필했다. 이 책의 독자들이 짧은 지면을 통해서라도 코프만의 사상적 여정을 살펴보는 시간을 갖기를 기대한다.

참고문헌

유서연(2014). "아우슈비츠를 넘어 디오니소스적 여성에로: 사라 코프만". ≪여/성이론≫, 31(겨울호), 162-187쪽.

Cohen-Levinas, D.(2021). Plus d'un "juif": Mourir à Auschwitz: Sarah Kofman dans les pas de Nietzsche et au-delà, In Michaud, G. & Ullern, I.(eds.). *Sarah Kofman: philosopher autrement*, pp. 229-248. Paris: Hermann.

Deutscher, P.(1999). Complicated Fidelity: Kofman's Freud(Reading *The Childhood of Art* with *The Enigma of Woman*). In Deutscher, P. & Oliver, K.(eds.). *Enigmas: Essays on Sarah Kofman*, pp. 159-173. Cornell University Press.

Deutscher, P.(2000). Disappropriations: Luce Irigaray and Sarah Kofman. In Olkowski, D.(ed.). *Resistance, Flight, Creation*, pp. 155-178. Cornell University Press.

Deutscher, P.(2005). *How to Read Derrida*. Granta Publications. 변성찬 옮김(2007). ≪How to read 데리다≫. 웅진지식하우스.

Kofman, S.(1982). *Le respect des femmes: Kant et Rousseau*. Paris: Éditions Galilée.

Kofman, S.(1987). *Paroles suffoquées*. Paris: Éditions Galilée.

Kofman, S.(1993). Interview avec Sarah Kofman, 22 mars 1991. *Subvertir le philosophique ou pour un supplément de jouissance, Compar(a)ison, n^0 1*, pp. 9-26.

Kofman, S.(1994a). *L'énigme de la femme: La femme dans les textes de Freud*(3e édition). Paris: Éditions Galilée.

Kofman, S.(1994b). *Rue Ordener, rue Labat*. Paris: Éditions Galilée.

Kofman, S.(1994c). *Le mépris des Juifs: Nietzsche, les Juifs, l'antisémitisme.* Paris: Éditions Galilée, collection *La philosophie en effet.*

Rullmann, M.(1998). *Philosophinnen.* Suhrkamp Verlag. 이한우 옮김(2005). ≪여성 철학자≫. 푸른숲.

Ullern, I.(2018). Sarah Kofman: souvenirs d'archives. In Michaud, G. & Ullern, I.(eds.). *Sarah Kofman et Jacques Derrida: Croisements, écarts, différences*, pp. 301–355. Paris: Hermann.

Sarah Kofman, Wikipedia. https://en.wikipedia.org/wiki/Sarah_Kofman

차례

일러두기

- 인명, 작품명, 저서명, 개념어 등은 한글과 함께 괄호 안에 해당 국가의 원어를 병기했습니다.
- 외래어 표기는 현행 어문규정의 외래어표기법을 따랐습니다.

01
아우슈비츠 이후의 말하기

아우슈비츠에서의 아버지의 죽음 이후, 코프만에게 아우슈비츠란 사유 불가능한 것, 사변적이고 추상적인 기존 철학 언어로 언명할 수 없는 것, 명명을 벗어난 이름이 되었다. 숨 막히지 않고서는 불가능한 아우슈비츠 이후의 말하기가 어떻게 가능한지, 사변적 지식과 권력을 벗어난 아우슈비츠 이후의 글쓰기가 어떻게 가능한지에 대한 탐구가 코프만의 자전적 전기 ≪숨 막히게 하는 말들≫의 핵심 주제다.

아우슈비츠, 명명을 벗어난 이름

1928년 프랑스에 정착한 코프만의 부모는 프랑스에 동화되지 않은 유대인이었다. 아버지 베레크 코프만(Bereck Kofman)은 파리 쥘조프랭에 위치한 유대인 교회당의 랍비였다. 코프만 가족은 유대인 교회당에서 전철로 두 정거장 떨어진 오르드네가에서 살았다. 1942년 7월 16일 베레크 코프만은 오르드네가의 자택에서 경찰에 체포됐다. 그는 검거될 것을 알았기에 회당에 있는 유대인들에게 가서 숨으라고 경고한 후 집으로 돌아와 하나님께 아내와 자녀들만이라도 살려 달라고 기도했다. 그러고 숨지 않고 경찰과 함께 떠났고, 아우슈비츠로 운송된 후 그곳에서 죽었다. "우리가 인질로 잡히지 않게 하기 위해 그는 수백만 명의 다른 사람들과 함께 이 무한한 폭력을 겪었다. 그 폭력이란 아우슈비츠에서 죽는다는 것이었다."(Kofman, 1987: 42)

아버지가 아우슈비츠로 끌려간 후 파리에서 우여곡절 끝에 살아남은 "지성적인 유대인 여성" 사라 코프만에게 아우슈비츠란 무엇이었을까? 코프만은 자전적 에세이인 ≪숨 막히게 하는 말들≫에서 아우슈비츠가 그 앞에서 다른 권리들과 의무들이 판단되는 절대적 상황이 된다면, '아우슈비츠'란 사유할 수 없는 것, 형언할 수 없는 것,

"개념도 아니고 순수한 단어도 아닌" 무엇, 즉 모리스 블랑쇼(Maurice Blanchot)가 ≪재앙의 글쓰기(L'Écriture du désastre)≫에서 썼듯 "명명을 벗어난 이름"이 된다고 말한다(Kofman, 1987: 13). 장프랑수아 리오타르(Jean-François Lyotard)식으로 말한다면 이는 "사변 속에서 이름을 갖지 않는 것을 지칭하는 이름, 익명의 이름, 사변을 위한 결과나 이득도 존재하지 않는 이름"(Kofman, 1987: 13)으로, 아우슈비츠에 대한 단편을 쓰고 홀로코스트에서 살아남은 후 아카데미에 진입한 "지성적인 유대인 여성"인 코프만 자신에게 부과되는 이름이다. 기존의 사변적·추상적인 철학의 언어로 형언할 수 없는 극한의 체험 속에서 떠오른, 명명할 수 없는 이름인 '아우슈비츠' 이후로 칸트의 범주적 정언명법은 추상적·이상적 일반성을 잃는다.

그렇다면 생각·상상·언명할 수 없는 아우슈비츠에 관한 말하기, 더 나아가 아우슈비츠 이후의 말하기와 글쓰기는 어떻게 가능한가? 아우슈비츠를 겪은 생존자에게 그것은 숨 막히지 않고서는 불가능한 일이 아닐까? 이것이 코프만이 자신의 아버지의 기억에 바치고, 블랑쇼와 로베르 앙텔름[Robert Antelme. 제2차 세계대전 중 독일 강제 수용소에 수감된 체험을 바탕으로 ≪인류(L'Espèce humaine)≫를 집필한 프랑스의 작가이자 편집자]에게 헌정한 ≪숨 막히게 하는 말들≫에서 제기하는 주요 문제다.

이야기의 불가능성

≪숨 막히게 하는 말들≫에서 코프만은 이야기를 사건에 대한 하나의 역사를 말하고 의미를 부여하는 것으로 이해한다면 아우슈비츠 이후의 이야기, 혹은 아우슈비츠에 대한 그 어떤 이야기도 불가능하다고 말한다. 이러한 관점에서 코프만은 블랑쇼가 홀로코스트 이후인 1947년에 발표한 ≪대낮의 광기(La folie du jour)≫ 이래로 자신의 모든 텍스트 또는 재발행본에서 "이야기(récit)"라는 단어를 삭제했음에 주목한다. 이는 단순히 문학 장르의 전통적 구분에 의문을 제기하는 것만은 아니다.

≪영원한 되풀이(Le ressassement éternel)≫(1951)의 후기인 ≪사후에(Après coup)≫(1983)에서 블랑쇼는 이 지우기 행위에 대해 설명한다. "이제부터의 모든 이야기는 그 이야기가 쓰인 날짜가 언제든, 아우슈비츠 이전의 일이 될 것이다." 이 사건으로 인해, 아무것도 온전히 남지 않은 단절로 인해 "모든 서사, 심지어 모든 시는 말하기의 즐거움이 소멸됨으로써 다른 언어가 생겨날 수 있는 토대를 잃

었을 수도 있다"(Kofman, 1987: 22). 아우슈비츠를 다룬 허구적 이야기는 참을 수 없으며, 그 사건은 어떤 문학 작품으로도 '예견'될 수 없다. "이야기는 비록 특정 질문을 제기하더라도 여전히 이야기일 뿐이며, 그 질문을 제기하더라도 해석과 질문 자체로부터 항상 분리되어 있기 때문에 특정 의미나 '다른 방식으로 표현될 수 없는 것'이며, 이미 위협적인 미래를 예고하는 '어떤 역사적 실현'으로 번역되거나 환원될 수 없"기 때문이다(Kofman, 1987: 22).

이야기의 법칙은 목가적 특징을 지니기 때문에 "비록 그것이 희망 없는 운명의 불행한 가능성들을 펼쳐 보이는 것처럼 보일지라도" "가볍고, 걱정 없으며, 숨겨진 의미나 심각한 의미를 주장하는 것이 그 빛을 어둡게 하거나 무겁게 만들지 않는 명확함을 유지"한다(Kofman, 1987: 23). 즉 블랑쇼에 따르면 자신이 전달하는 심각하거나 모호한 의미에 앞서 명확하게 자신을 드러내는 이야기야말로 그 자체가 "이상적 대상, 작은 우상"이며, 불행을 끊임없이 매력적으로 변모시킬 위험을 안고 있다. 아우슈비츠에 대한 증언은 이러한 이야기의 목가적 법칙에서 벗어나 있으며, '상상적인 것에 호소하지 않고서 상상할 수 없는 것 즉 그것을 겪어 본 사람들조차 빠르게 상상할 수 없는 것에 대해 어떻게 말할 수 있는가'라는 문제를 제기한다.

> 따라서 속임수 없이는 "소통"될 수 없는 것을 어떻게 이야기 하겠는가? 다른 경험과 마찬가지로 무한 박탈의 '한계 경험'이 전달되지 않기 때문이 아니라면, 말해질 수 있는 말들이 없거나 할 말이 너무 많기 때문일까? 무언가를 말하고 싶은 "열광적인 욕망", 불가능한 작업, 상대방에게 모든 것을 설명하는 이 경험을 겪고, 말(parole)의 정신착란(délir)에 사로잡혀 있을 때, 동시에 말을 하는 것이 불가능할 때 어떻게 말할 수 있는가? 숨 막히지 않고서는 불가능하다.(Kofman, 1987: 45)

아우슈비츠 이후의 말하기

코프만은 랍비인 그의 아버지가 죽음의 수용소에서 안식일을 존중하기를 원했기 때문에 살해당했다고 말한다. 그는 곡괭이질을 당하고 산 채로 매장당했는데, 증인이 말하기를 그가 그날 일하기를 거부했기 때문에 벌어진 일이었다. 코프만은 ≪숨 막히게 하는 말들≫에서 어떤 휴식도 존중되지 않는 아우슈비츠에서 일어난 이 죽음을 설명할 수 있는 유일한 것은 그가 유대인이었다는 사실이라고 주장한다. "유대인이었기 때문에", 이는 코프만이 그의 서원(voeux, 誓願)이라고 부른 글쓰기와 철학적 요청을 따라다니는 관용어, 아니 관용어 이상으로 강박적으로 되풀이되는 주제다.

"유대인이었기 때문에, 나의 아버지는 아우슈비츠에서 죽었다. 어떻게 그 사실을 말하지 않을 수 있겠는가? 그리고 어떻게 그것을 말할 수 있겠는가? 나의 아버지, 베레크 코프만. 1900년 10월 10일 소빈(폴란드) 출생, 1942년 7월 16일 드랑시로 끌려감."(Kofman, 1987: 15) 이어지는 문장에서 코프만은 세르주 클라르스펠트(Serge Klarsfeld)의 회상록에 있는 문서를 인용해 아우슈비츠에 끌려가 죽임을 당한 남성들과 여성들의 숫자를 나열하며 아우슈비츠 이후의 말하기의 가능성과 불가능성을 논한다. 이 회상록은 끝없는 이름의 행렬, 그 파토스의 부재, 그 박탈과 정보의 중립성으로 숨을 멎게 한다. 극도의 수치심 속에 있는 그 목소리는 불행의 목소리 그 자체며, 모든 가능성을 어둠에 빠뜨리고 인류 전체에 "결정적 타격으로, 아무것도 온전하게 남기지 않은" 고통을 안긴 사건의 목소리다. 이 목소리는 말을 잃게 만들고, 당신의 상식과 모든 의미를 의심하게 하며, 침묵 속에서 숨 막히게 만든다. "말 없는 외침 같은 침묵, 그럼에도 불구하고 끝없이 외치는 무언의 소리."(Kofman, 1987: 16-17)

아버지의 죽음 앞에서 느끼는 쇼크의 경험들을 겉보기

에는 평범한 숫자와 날짜와 사실적 요소들로 환원되는 서사적 전의들(tropes)로 기술함으로써 코프만은 자신의 아버지를 '어떤 유대인'이라는 익명성에서 떼어 놓지 않으며, 그의 죽음을 한 사람의 유대인 이상으로 확장한다. 즉 코프만은 아버지의 죽음이라는 사적 이야기를 죽음보다 더 끔찍한 아우슈비츠에서의 죽음이라는, 사유 불가능하고 표상 불가능하며 언명 불가능한 것에 대한 반성 속에서 서술한다. 그리고 그 죽음이 곧 유럽이 알지 못했던 아우슈비츠라는 비(非)장소에 의해 찍히는 유대인 존재라는 날카로운 의식을 후세대에 증언하고 전달하며 지속한다. 이처럼 코프만의 작품에 대해 말하는 것은 영속적으로 따라다니는 사유 불가능하고 절대적인 것을 거슬러 올라가는 일이다. 생존 문제, 살아남는 것, 살아남은 자의 문제는 쇼아(Shoah. "재해에 가까운 말살"을 가리키는 히브리어로, 홀로코스트를 가리키는 용어로 쓰인다) 이후 숨 막히게 하는 것, 사는 것, 사유하는 것, 쓰는 것의 의미를 청진하는 이 까다로운 작품의 중심에 있다(Cohen-Levinas, 2021: 231).

이러한 맥락에서 코프만은 목가적 이야기를 벗어난 아우슈비츠와 그곳에서의 죽음에 관한 증언이 "숨 막히지 않고서는 불가능"할지라도, 아우슈비츠 이후 가능한 이야기가 없더라도 "말할 수 없었던 사람들을 위해 끝없이 말해야 했던 이유는 끝까지 배신하지 않고 진실의 말을 보전하고 싶었기 때문"(Kofman, 1987: 43)이라고 고백한다. 코프만은 아우슈비츠에서 일어난 일과 아우슈비츠에서의 죽음이 죽음보다 더 끔찍했기 때문에 여전히 지속되고 있다고 말한다. 아우슈비츠 이후에도 계속되는 이러한 죽음들의 옆에 서서 그 고통스러운 죽음을 여러 번 함께 겪으며 "한 번만 죽지 않을 의무"를 수행하는 것은, 역사에서 음소거된 말할 수 없는 이야기가 생존자의 증언을 통해 내는 목소리에 귀 기울이는 일을 동반한다.

권력을 벗어난 글쓰기

베레크 코프만이 아우슈비츠 수용소에서 안식일에 노동을 거부한 이유는 희생자와 형리 모두를 위해 신께 기도하고, 극단적인 무력감과 폭력의 상황 속에서 모든 권력을 벗어나는 관계를 정립하면서 안식일을 기념하기 위해서였다. 그러나 혐오와 공포의 대상인 타자, 멀리 추방되고 몰살되어야 하는 비체적 존재인 유대인 벌레가 수용소 내에서조차 신에게 실망하지 않았다는 점은 나치에게 참을 수 없는 것이었다. 죽음의 전능함에 굴복하고자 하는 그러한 행위는 어떠한 형태의 권력의 관점에서도 측정되지 않기 때문이다(Kofman, 1987: 14, 41-42). 이러한 아버지의 사례를 코프만은 삶의 철학이라는 형태로 녹이고 확장한다. 희생자 혹은 형리를 침묵 속에 두지 않는 것, 그들을 역사로부터 전달되지 않는 것과 단순한 '사변적' 지식에 두지 않는 것, 이것이 사라 코프만이 무한한 용기를 갖고 직면한 상황이다. 아우슈비츠 이후의 글쓰기 역시 이러한 맥락에서 가능해진다. "그것은 사변적 지식, 권력에 속하는 것, 따라서 아우슈비츠의 고문관과 공모하는 것이 아니라, 공모의 함정을 피하는 재의 글쓰기, 재앙에 대한 글쓰기다."(Kofman, 1987: 14)

무엇보다 아우슈비츠 이후의 글쓰기란 권력을 벗어난 글쓰기다. 그러한 글쓰기는 힘 있는 주권적 언어가 "절대적인 무력감, 비탄 그 자체를 지배하지 않고, 낮의 명쾌함과 행복 속에 그것을 가두지 않"으면서(Kofman, 1987: 13) 형언할 수 없는 것, 상상할 수 없는 것을 말할 수밖에 없는 아포리아에 빠진 운명을 받아들이는 글쓰기다. 즉 그것은 "전혀 이야기할 수 없는 것에 대해 어떻게 이야기할 수 있는가"라는 질문과 "돌아온 자들의 소망(그리고 그는 돌아오지 않는다)이 마치 '끝없는 이야기'만이 끝없는 결여의 척도가 될 수 있는 양 끊임없이 이야기되고 있는데, 어떻게 그것에 대해 이야기하지 않을 수 있겠는가"(Kofman, 1987: 16)라는 질문 사이의 모순과 딜레마를 겸허히 받아들이는 글쓰기다. 이러한 상황에서 아우슈비츠 이후의 글쓰기는 맥락을 상실한 단편처럼 보일지라도 아무것도 말할 수 없었던 자가 단편적이고 파편적으로나마 이야기하게 하고 그것을 경청하며 때로는 그들이 "침묵을 지킬 수 있는 공간을 마련"하는 윤리적 요구와 맞닿아 있는 글쓰기다(Rullmann, 2005: 697).

참고문헌

Cohen-Levinas, D.(2021). Plus d'un "juif": Mourir à Auschwitz: Sarah Kofman dans les pas de Nietzsche et au-delà. In Michaud, G. & Ullern, I.(eds.). *Sarah Kofman: philosopher autrement*, pp. 229-248. Paris: Hermann.

Kofman, S.(1987). *Paroles suffoquées*. Paris: Éditions Galilée.

Kofman, S.(1994). *Rue Ordener, rue Labat*. Paris: Éditions Galilée.

Rullmann, M.(1998). *Philosophinnen*. Suhrkamp Verlag. 이한우 옮김(2005). ≪여성 철학자≫. 푸른숲.

02
두 어머니

코프만이 두 어머니, 즉 유대인 친어머니와 프랑스인 양어머니 사이에서 겪은 분열된 유년기의 체험은 아버지 콤플렉스와 더불어 코프만의 철학적 글쓰기를 이끈 동력이었다. 특히 음식에 대한 금기와 관련한 이중구속 상황은 코프만이 정신분석학에 천착할 수밖에 없게 한 지점이다.

코프만과 정신분석학

코프만은 충실한 프로이트 비평가다. 첫 번째 저작 ≪예술의 유년기: 프로이트 미학의 해석≫을 시작으로 루소, 콩트 등 일련의 철학자들과 프로이트에 대한 독해에서 오이디푸스 시나리오와 거세의 문제를 계속 발견하고 제기한다. 그러나 코프만의 마지막 자서전 ≪오르드네가, 라바가≫에 드러난, 나치 파리 점령기의 유년 시절에 겪은 두 어머니에 대한 이야기와 그에 대한 자기비평은 프로이트의 정신분석학에만 머무르지 않는다. 이 저작에서 말년의 코프만은 프로이트의 오이디푸스 단계에서 아이가 아버지에 대해 갖는 콤플렉스보다는 전(前) 오이디푸스 단계에서 아이와 어머니의 관계에 초점을 맞추는 멜라니 클라인(Melanie Klein)의 대상관계 이론에 기울어 있다.

물론 코프만이 ≪예술의 유년기≫에서 ≪오르드네가, 라바가≫에 이르는 수많은 책을 집필하게 한 명확한 동인이 프로이트가 제시한 아버지 콤플렉스임은 부정할 수 없는 사실이다. 그러나 분열된 두 어머니, 즉 클라인식으로 말하자면 좋은 엄마와 나쁜 엄마, 좋은 젖가슴과 나쁜 젖가슴의 분열이라는 유년기의 체험은 수많은 책 집필의 숨겨져 있지만 더 근원적이고 내적인 동기라고 할 수 있다.

≪오르드네가, 라바가≫는 어머니와의 관계가 분열되고 갈라지고 파편화한 경험이 코프만으로 하여금 정신분석학 연구에 천착할 수밖에 없게 했음을 보여 주는 매우 귀중한 자료다. 따라서 본격적 논의에 앞서 코프만의 저작 중 가장 중요하다고 여겨지는 이 자서전의 내용을 대략적으로 살펴보려 한다.

≪오르드네가, 라바가≫의 줄거리

유대인 랍비인 아버지가 1942년 오르드네가의 자택에서 체포되고 아우슈비츠로 끌려간 후 어머니는 어린 코프만과 코프만의 동생들을 이끌고 경찰의 단속을 피해 이 집 저 집을 전전했다. 그러다가 그들은 라바가에 사는, 아이들을 사랑하는 어떤 부인이 제공한 은신처에 숨었다. 매우 아름답고 부드러운 인상의 그 여성은 유대인을 숨겨 주면 총살당할 수도 있다는 위험을 무릅쓰고 그들이 해결책을 찾을 수 있을 때까지 보살펴 주기로 약속했다.

코프만이 메메(mémé. 어린애들이 쓰는 말로, '할머니'를 뜻한다)라고 부른 이 부인은 친어머니 대신 코프만을 돌보기 시작했고, 옷을 맞춰 주는 등 코프만을 딸처럼 대했다.

그러나 곧 양어머니와 친어머니는 코프만의 양육 방식과 식이요법을 둘러싸고 반목하기 시작했다. 메메는 곧잘 토하는 코프만을 위해 새로운 식이요법을 권했다. 오르드네가에서는 피가 흐르는 고기가 금지됐지만, 라바가에서 코프만은 건강을 위해 수프 안에 든 날말고기와 파슬리를 친 피가 흐르는 비프스테이크를 먹었다. 메메는 알게 모르게 어머니의 면전에서 코프만을 떼어 놓았고, 유대교도로부터도 분리했다. 메메는 코프만과 어머니가 구원받을 수 있다고 확신했지만 반유대주의적 편견이 없지는 않았다. 메메는 코프만이 유대인의 코를 갖고 있으며, 유대인의 음식은 건강에 해롭다고 말했다. 또한 예수 그리스도를 십자가에 못 박은 것은 유대인들이지만 유대인들은 매우 지적이어서 음악과 철학에서 그 어떤 민족보다도 많은 천재를 보유하고 있다고 말하기도 했다.

시간이 지나면서 어린 코프만은 양어머니를 사랑하고 친어머니보다 더 따르게 되었다. 거의 집 밖으로 나가지 못했던 코프만의 어머니는 이러한 상황을 견뎌 내지 못했고 침묵 속에서 메메를 증오하고 경멸할 뿐이었다. 후일 파리가 해방되자마자 아이들을 데리고 메메의 집에서 나간 친어머니는 코프만을 학대했고, 이로 인해 두 어머니는 코프만을 두고 법정에서 양육권 분쟁을 벌이기도 했다. 그 이후에도 코프만과 메메는 친어머니의 감시를 피해 간헐적으로 만났으며, 메메는 고등학생인 코프만이 장학금을 받아 학업을 마칠 수 있도록 돕기도 했다. 반면 코프만과 친어머니와의 관계는 그리 좋지 않았다. 식사 때마다 그들 사이에는 끔찍한 긴장감이 감돌았고, 친어머니는 일찍 전기를 꺼버려 고등학생인 코프만이 공부를 하는 데 지장을 주었다. 코프만이 대학에 진학한 후 오랫동안 메메와의 연락이 끊겼고, 자서전을 쓰기 얼마 전 코프만은 메메가 양로원에서 죽었다는 소식을 들었다. ≪오르드네가, 라바가≫에는 적지 않았지만, 코프만의 친어머니는 이보다 앞선 1974년 깊은 우울증 탓에 입원한 의료시설에서 갑자기 사망했다.

신성한 음식과 이중구속

비극의 시대를 겪어야 했던 두 어머니에 대해 기록한 ≪오르드네가, 라바가≫는 1980년 쓰인 자전적 단편 "신성한 음식(Sacrée nourriture)"의 기록을 재개하고 확장한다. 이러한 기록들은 음식과 영양 섭취, 더 나아가 풍요로운 여성과 어머니라는 촉지(觸知)할 수 있는 물질적 모티브를 통해 유대인이자 여성이라는 중층적 타자성을 드러낸다. 전쟁 이전 코프만의 가족들은 종교적이고 신성한 분위기가 지배하던, 오르드네가에 있던 아버지의 집에서 매우 엄격한 방식으로 음식에 관한 유대인의 모든 금기를 지켰다. 나치 점령기에 경찰 단속을 피해 이 집 저 집을 전전하는 절체절명의 순간에도 코프만과 그의 가족들은 유대인으로서의 정체성을 지기키 위해 유대교에서 금기시하는 음식을 거부하곤 했다.

반면 라바가의 메메는 유대인의 음식이 몸에 해롭다고 판단하고 코프만의 건강을 위해 새로운 식이요법을 썼다. 이 집에서 코프만은 카슈루트(유대교 율법에 적합한 식재료) 의식에 부합하지 않는, 살에서 많은 피가 방울져 떨어지는 스테이크 같은 이교도의 음식을 자연스럽게 먹게 되었다. 이러한 이질적 경험은 어린 코프만이 음식과 영양 섭취에 대한 금지와 명령의 모순을 둘러싼 반복적 고민과 고통을 안기는 이중구속 상황에 놓이게 했다. 이는 끊임없는 구토 증상으로 나타났다. 코프만은 게슈타포가 출몰하는 1940년대 초반의 파리에서 죽음과 체포의 공포로 인해, 그리고 두 어머니 사이의 간극과 양심의 가책으로 인해 토했다.

"신성한 음식"에서는 이러한 이중구속 상황이 금지하는 아버지와 과잉 양육하는 어머니 간 모순되는 명령과 금지로 나타난다.

> "먹어야만 해." 나의 어머니가 말하곤 했다. 그리고 그녀는 우리를 배불리 먹이고 먹이고 또 먹였다. 그녀와 함께라면 디저트를 빼앗길 위험이 없다. "다 먹어선 안 돼." 나의 아버지가 말하곤 했다. "고기와 우유를 섞지 마라, 아무 고기나 먹지 마라. 아무 음식이나 먹어선 안 돼."(Kofman, 1995: 195)

≪오르드네가, 라바가≫에서는 두 명의 어머니, 즉 코프만을 고통스럽게 하는 유대인 친어머니와 코프만이 사랑하는 프랑스인 양어머니 사이의 모순된 명령과 금지가 나타난다. 그 결과 어린 코프만은 "유대 여성이어야 함과 유대 여성이어서는 안 됨, 먹어야 함과 먹어서는 안 됨, 사랑해야 함과 사랑해서는 안 됨 사이에서"(Rullmann, 2005: 696), 자신이 성장한 '오르드네가' 그리고 메메와 함께 살았던 '라바가' 사이에서 일종의 이중구속 상황에 놓였다. 코프만이 평생에 걸쳐 정신분석학적 연구에 천착한 것도 자신의 삶이 혼자서는 결코 풀어낼 수 없는 영원한 이중구속 상황과 뒤얽혀 있기 때문이었다.

착한 젖가슴과 나쁜 젖가슴

≪오르드네가, 라바가≫에서 코프만은 자신의 첫 번째 저서 ≪예술의 유년기≫의 표지로 레오나르도 다빈치(Leonardo da Vinci)의 <성 안나와 세례자 요한과 함께 있는 성모자 드로잉>을 고른 이유를 암시적으로 드러낸다. 다빈치의 친어머니 카트리나는 다빈치가 다섯 살이 되기 전 쫓겨났고, 이후 다빈치는 새어머니 도나 알비에라 그리고 친할머니 모나 루치아와 함께 아버지 집에서 살았다. <성 안나와 세례자 요한과 함께 있는 성모자 드로잉>에서 성모 마리아 옆에 붙어 있는 성 안나는 기묘한 미소를 짓고 있다. 여기에 코프만은 성 안나가 다빈치의 친어머니 카트리나를 상징하며, 그녀의 미소는 자식을 고귀한 연적에게 양보할 때 느끼는 고통과 부러움을 띠고 있다는 프로이트의 해석을 덧붙인다(Kofman, 1994: 74). 코프만이 이 그림에 자신의 두 어머니를 투영했음이 드러나는 순간이다.

이어지는 장에서 코프만은 앨프리드 히치콕(Alfred Hitchcock)의 영화 <사라진 여인(The Lady Vanishes)>(1938)을 비평하면서 클라인의 정신분석학에 입각해 두 어머니에 대한 이야기를 펼친다. 영화의 줄거리는 다음과 같다. 가상의 국가 반드리카(Bandrika)를 여행하는 영국인

숙녀 아이리스는 열차에 탑승하기 전 '프로이'라는 이름의 중년 영국 부인을 알게 된다. 그때 누군가 위에서 떨어뜨린 물건에 머리를 맞아 갑자기 의식을 잃는다. 그러고 프로이 부인의 따뜻한 보살핌으로 깨어난다. 그러나 아이리스가 두통 때문에 잠시 잠들었다가 깨어났을 때 프로이 부인은 온데간데없이 사라지고, 프로이 부인과 똑같은 옷을 입은 쿠퍼 부인이라는 사람이 등장해 자신이 처음부터 이 자리에 앉아 있었다고 주장한다. 즉 모든 것이 머리를 다친 아이리스의 환각이라는 것이다.

영화의 전개를 좇다 보면 프로이 부인의 정체가 영국 스파이이고, 그녀를 쫓던 독일인들에게 납치당했음이 드러난다. 그러나 이 영화를 바라보는 코프만은 사람들이 그다지 크게 주목하지 않는 프로이 부인의 두 얼굴에 고통스럽게 감정 이입한다. 사람들에게 먹을 것을 챙겨 주고 늘 친절하게 미소 짓는 다정한 엄마 프로이 부인, 그리고 그녀의 옷을 입었으나 몹시 냉혹하고 위협적인 거짓 얼굴의 탈을 쓴 스파이이자 나쁜 엄마 쿠퍼 부인. 코프만은 프로이 부인과 쿠퍼 부인의 대립으로 나타나는 두 얼굴의 엄마를, 전(前) 오이디푸스 단계에서 나타나는 좋은 젖가슴과 나쁜 젖가슴에 대한 클라인의 대상관계 이론을 차용해 이야기한다. 코프만에게 견딜 수 없는 것은 사라진 좋은 엄마의 교체자인 나쁜 엄마의 냉혹한 얼굴을 보는 것이다. 그것은 좋은 젖가슴이 나쁜 젖가슴으로 대체되는 순간에 드러나는 견딜 수 없는 고통이다(Kofman, 1994: 76-77).

클라인은 그의 마지막 논문 "외로움의 의미에 대하여(On the Sense of Loneliness)"에서 "(자아의) 완전한 통합이 달성될 수 없기 때문에 우리는 우리 자신의 감정과 환상, 불안을 완전히 이해하고 수용할 수 없으며, 이로부터 외로움의 감정이 나온다"(Kristeva, 2006: 209)고 말한다. 어머니와 아이 간 전 오이디푸스적이고 전 언어적인 관계가 만족스럽다면 어머니와 아이의 무의식 사이에 접촉이 이루어질 수 있다. 이 접촉은 아이에게 자신이 이해받고 있다는 느낌을 제공한다. 이는 일생에 걸쳐 강력한 것으로 남는 내적 근원이 된다. 고독은 피할 수 없지만, 이 시기 경험한 좋은 젖가슴이 내면화된다면 그것은 "외로움의 감정을 감소시키는 데 가장 중요한 요소"가 될 것이며, 자아 통합의 근거가 될 것이다.

불행히도 코프만이 이러한 좋은 젖가슴을 내면화하기에는 그의 유년기가 너무 분열적이었던 것 같다. 그리고 그것을 내면화하지 못했기에 좋은 젖가슴, 좋은 어머니인 메메의 물리적 죽음 이후 코프만이 감내해야 했을 외로움과 불안은 미루어 짐작할 수 있다. 현실에서 나를 이해하고 북 돌아 주었던 착한 어머니가 사라졌다. 그래서 자서전 ≪오르드네가, 라바가≫가 출간된 이후 코프만의 마지막 이야기는 사라진 좋은 엄마의 뒤를 쫓아 '스스로 사라짐'을 택한 어린 소녀의 모습으로 끝을 맺는다

참고문헌

유서연(2014). "아우슈비츠를 넘어 디오니소스적 여성에로: 사라 코프만". ≪여/성이론≫, 31(겨울호), 162-187쪽.

Kofman, S.(1994). *Rue Ordener, rue Labat.* Paris: Éditions Galilée.

Kofman, S.(1995). Sacrée nourriture. *Revue des schizoanalyses, 24,* pp. 195-196.

Kristeva, J.(2000). *Le génie féminin. tome II. Melanie Klein.* Librairie Arthème Fayard. 박선영 옮김(2006). ≪정신병, 모친살해, 그리고 창조성: 멜라니 클라인≫. 아난케.

Rullmann, M.(1998). *Philosophinnen.* Suhrkamp Verlag. 이한우 옮김(2005). ≪여성 철학자≫. 푸른숲.

Ullern, I.(2018). Sarah Kofman: souvenirs d'archives. In Michaud, G. & Ullern, I.(eds.). *Sarah Kofman et Jacques Derrida: Croisements, écarts, différences*, pp. 301-355. Paris: Hermann.

03
예술, 진리, 수수께끼

코프만은 예술과 예술 작품의 해석을 통해 형이상학적 정의와 전통적 이데올로기 차원과는 다른 프로이트의 새로운 진리 개념을 제시한다. 예술 작품은 미리 존재하는 주체의 진리를 표현하지 않는다는 점에서 프로이트의 진리는 원래부터 있는 것이 아니라 항상 다가오는 것이다. 또한 모든 예술 작품은 독자가 해석하고 구성하는 과정에서 저자의 정체성을 암시하는 수수께끼와 같다.

예술과 오이디푸스 콤플렉스

프로이트는 코프만의 저서들 속에서 다른 저자들과는 다른 등급의 저자다. 즉 코프만의 사유의 궤적에서 프로이트의 정신분석학에 대한 독해는 매우 중요한 위치를 차지한다. 코프만으로 하여금 여러 책을 집필하게 한 숨겨진 동기는 두 어머니와의 분열된 관계이지만, 그를 창조적 사유와 철학적 글쓰기로 이끈 명백한 동기는 프로이트가 발견한 아버지 콤플렉스였다. 이러한 집필 동기는 첫 번째 저서 ≪예술의 유년기≫에서부터 명료하게 드러난다.

이 저서에서 코프만은 프로이트의 정신분석학을 해석하는 과정에서 아버지의 문제를 중심에 두고 전달의 심급이자 매개체로 삼는다. 또한 프로이트에게 예술의 문제 역시 아버지의 문제, 즉 오이디푸스 콤플렉스와 연결되어 있다고 본다. "문화적 현상의 전체로서 예술은 이러한 콤플렉스에 반응하는 한 형성물이다. 프로이트에 의해 폭로된 예술의 전통적 이데올로기는 신학적이건 나르시시즘적이건 거기서 궁극적 기반을 찾는다. 그것은 유아적 행동과 해결되지 않은 오이디푸스 콤플렉스의 희생물이다.… 위대한 인물 뒤에서 어린아이 혹은 신경증 환자가 발견된다."(Kofman, 1975: 34) 이러한 맥락에서 프로이트는 신경증 환자에 불과한 "위대한 인물"로서 예술가를 우상 숭배하는 대신, 신과 동일시되는 아버지의 우상을 선택하게 한다. 프로이트에게 아버지의 우상은 모든 신학과 형이상학의 핵심이며, 여기에는 아버지 콤플렉스의 소인이 찍혀 있다(Alfandary, 2021: 447). 코프만은 전통적 예술 작품에 흐르는 주제적 핵심 역시 항상 프로이트의 오이디푸스라고 주장한다. 소포클레스의 오이디푸스 왕이라는 보편적 구조가 후대에 변형되어 반복적으로 나타날 뿐이라는 것이다. ≪햄릿≫, ≪카라마조프가의 형제들≫, 에른스트 호프만(Ernst Hoffmann)의 소설들, 요하네스 옌젠(Johannes Jensen)의 ≪그라디바≫, 레오나르도 다빈치의 작품이 그러하다(Kofman, 1975: 34-35).

이처럼 코프만은 오이디푸스에게서 시원적인(archaïque) 것을 발견한다. 코프만은 "고고학적 글쓰기(écriture archéologique)"가 꿈과 예술에서 공통으로 나타난다고 본다(Alfandary, 2021: 435). 코프만의 유아성은 아르케(*arkhê*) 그리고 시원적·고고학적 측면과 관련된다. 코프만에게 아르케란 은폐되고, 다시 덮이고, 억압되고, 실제적으로 다시 되찾을 수 없으며, 재기억될 수 없는 하나의 형식이다. 이러한 맥락에서 예술 작품은 "억압된 관계"에 주목하고 그것을 이해할 수 있게 하는 통로가 된다. 예를 들어 코프만은 시적 창조에 대한 프로이트의 텍스트를 논평하며 다음과 같이 말한다. "다른 사람들에 대해 시인이 갖는 유일한 우월성은 그가 더 '내향적'이어서 억압된 관계에 귀 기울일 수 있다는 점이다."(Kofman, 1975: 70)

코프만에게 과거는 항상 잔존하기는 하지만 "흔적과 지워짐"으로 주어질 뿐이다. 우리는 기억을 가장 좋은 경우 속에 고립시키고, 기억에 좌표를 찍고 기억을 재구성한다. 따라서 코프만이 "유년기"라고 부르는 것은 환자가 의사 앞에서 말하는 병력을 제외한 모든 것이 될 수 있다. 이러한 맥락에서 코프만은 프로이트의 꿈 해석이 비록 형이상학의 그물에 부분적으로 걸려 있을지라도 그 방법론이 근본적으로 새로운 해석이라고 본다.

해체주의적 프로이트 읽기

≪예술의 유년기≫에서 코프만은 프로이트의 논리를 매우 미시적으로 충실하게 따라가면서 그를 이해하고자 한다. 코프만이 때로 프로이트의 텍스트를 길게 인용하며 실천하는 미시적 독해는 텍스트의 가장 깊은 의미에서 비판적이며 탐정과 같이 추적하는 독해다. 코프만은 프로이트

의 작품을 문자 그대로의 엄밀함을 견지한 채 읽으며, 프로이트 정신분석학의 진술을 규율 언어로 번역하려 하지 않는다. 이는 코프만 이전과 이후의 철학자들 중 소수만이 취하던 방식이다. 또한 코프만은 프로이트 정신분석학의 정신과 상충되는 사소한 근본적 움직임을 경계한다.

이러한 엄밀한 미시적 독해 방식은 프로이트의 담론에서 "그가 말한 것"과 "그가 실제로 행한 것", 즉 "선언된 것"과 "숨겨진 것"을 구별하면서(Kofman, 1975: 35, 14) 프로이트의 텍스트를 따라 해독하는 과정이다. 이로써 코프만은 "그의 언어가 여전히 형이상학의 폐쇄성에 속하는 언어임에도 불구하고, 프로이트는 그의 이데올로기에 갇혀 있지는 않다는 것을 알게 된다"(Kofman, 1975: 35). 코프만이 프로이트의 텍스트에서 구현하고자 하는 것, 즉 그가 '말한 것'이 아니라 '숨겨진 것'을 찾아 나가는 과정은 데리다가 "프로이트와 글쓰기의 장면(Freud et la scène de l'écriture)"에서 지적한 모든 '형이상학적 공모'를 용납하지 않는다. 이는 코프만이 프로이트에게서 "여전히 형이상학의 폐쇄성에 속하는 언어"를 환기할 때 암시적으로 드러나는 '형이상학적 공모'를 용납하지 않는 것이기도 하다(Alfandary, 2021: 433). 이처럼 코프만의 프로이트 읽기 방식은 그가 반드시 형이상학과 분리하고자 하는 근본적으로 새로운 진리의 차원을 열어 나간다. 코프만은 예술과 예술 작품의 해석을 통해 형이상학적 정의와 전통적 이데올로기 차원과는 다른, 프로이트의 새로운 진리 개념을 제시한다.

> 프로이트는 예술을 실재의 모방이자 작가의 반영으로 보는 이데올로기적 개념 작용에 반대한다. 그러한 개념 작용은 진리가 실재와 일치하고 자기 자신과 동일시된다는 것을 전제한다. 반면 예술 작품은 통일되지 않고 그 자신이 부재하는 자아(moi)가 스스로를 구조화하고, 자신의 정체성을 구성하도록 허용한다. 예술 작품은 그것이 '표상'하는 '심리적 실재' 외부에 존재하지 않는다. 따라서 예술 작품은 그것을 모방할 수 없다. 예술작품이 '표현'하는 환상은 사후에 만들어진 구성이다.(Kofman, 1975: 138-139)

이처럼 프로이트의 개념 작용에서 예술 작품은 미리 존재할 주체의 진리를 표현하지 않으며, 그것을 사후에 구상하고 만들어 낸다. 이러한 맥락에서 코프만이 이해하는 프로이트의 진리는 원래부터 있는 것이 아니라 항상 다가오는 것이다. 따라서 코프만은 예술 작품의 "모든 텍스트는 독자가 해석하고 구성하는 과정에서 저자의 정체성을 암시하는 수수께끼"와 같다고 본다(Kofman, 1975: 140).

코프만은 ≪예술의 유년기≫에서 프로이트의 텍스트들이 형이상학의 해체에 기여했다는 점을 발견했다고 말한다. ≪네 가지 분석적 소설들(Quatre romans analytiques)≫에서 코프만은 일부 매우 편향된 해석들이 프로이트를 곧바로 "소시민적 형이상학자"로 분류해 버렸지만, ≪예술의 유년기≫에서 자신은 논쟁적 이유로 프로이트의 해체주의적 측면(l'aspect déconstructeur)을 강조했다고 논평한다(Kofman, 1973: 19). 더 나아가 코프만은 프로이트 텍스트에 대한 해체주의적 독해를 통해 그 자체로 환원 불가능하고 수수께끼 같은 "프로이트 텍스트의 이질성"을 측정하고자 한다. ≪예술의 유년기≫에서 코프만은 프로이트의 이론 속에서 점차 무너져 가는 원초성(originarité) 개념 자체를 해체하려고 시도한다. "수수께끼를 푸는 것은 존재하지 않았던 완전한 의미의 원초성을 찾는 것이 아니라, 서로 다른 변형들을 구분하고, 원초적인 대체 형태와 이후의 대체 형태를 구별하는 것이다."(Kofman, 1975: 91)

삶의 수수께끼

프로이트 독해자로서 코프만이 발견한 것은 프로이트의 분석이 삶의 수수께끼를 직면했다는 점이다. 프로이트의 심리적 인과성은 "그가 형성된 순간에서 죽음에 이르기까지" 모든 삶을 구성하며, "우연, 생물학적 힘의 작용, 심리적 힘의 작용에로 내맡겨진" 버팀목을 인식한다(Kofman, 1975: 224). 프로이트가 인식하는 삶은 우연과 전파, 헤아릴 수 없는 운의 산물이다. "삶의 기원에는 완전한 단일체가 존재하지 않으며, 그 대신 무작위로 수분하는 수많은 씨앗들이 존재한다. 배아 형성의 전체 과정은 연속적인 분열을 통해 이루어지고, 이 형성은 점진적인 분화 과정이며, 이는 원초적인 차이를 내포한다."(Kofman, 1975: 226) 이러한 삶의 원초적 차이가 데리다가 ≪기하학의 기원(L'Origine de la Géométrie)≫ 서문에서부터 밝힌 "a"로 쓰인 차연(la différance)이다(Alfandary, 2021: 447).

코프만에게 책 한 권 전체를 할애할 만큼 예술적 창조의 문제가 중요한 것은 그 문제가 "생식(procréation)의 문제와 다르지 않으며, 삶의 수수께끼"(Kofman, 1975: 225)를 담고 있기 때문이다. 즉 예술과 예술가 역시 이러한 삶 그 자체다. 결국 코프만이 프로이트에게서 발견한 것은 모든 삶의 트라우마적 기원의 이론이 결코 이해되지 않는 삶의 수수께끼를 풀지 못하는 충동과 그 운명의 이론이라는 점이다. 또한 프로이트의 승화에 대한 코프만의 독창적 해석과 독해는 모든 삶이 근원에 있는 트라우마적 열린 상태를 회복하는 대신 그것을 다시 덮는 "랩소디적 시도" 속에 있다(Alfandary, 2021: 448).

> … 수수께끼다. 왜냐하면 모든 삶은 그 시작부터 죽음에 이르기까지 생물학적 힘, 심리적 힘, 외적 힘, 이 모든 힘의 상호작용이 우연에 맡겨져 있으며, 따라서 예술가의 운명은 다른 어떤 것보다 더 특별하지 않기 때문이다. 또한 수수께끼다. 왜냐하면 모든 삶은 다양한 표현 아래, 여성성의 거부이기 때문이다. "여성성의 거부는 섹슈얼리티라는 거대한 수수께끼의 한 부분인, 생물학적 사실뿐일 수 있다." 이러한 여성성의 거부는 예술가에게 아버지가 되고자 하고 어머니에게 페니스를 주고자 하는 욕망, 구멍을 가리는 텍스트의 직조로 표명된다.(Kofman, 1975: 225)

삶의 수수께끼가 여성의 수수께끼로 전환되는 국면에서 우리는 코프만이 ≪예술의 유년기≫에서 이미 ≪여성의 수수께끼≫의 문제의식을 예비했음을 확인할 수 있다.

즉 ≪예술의 유년기≫에서 코프만이 예술적 창조와 삶이 이루는 잠재적이고 무의식적인 의미가 베일 뒤의 숨겨진 비밀과 수수께끼로서 구성되는 방식을 논한다면, ≪여성의 수수께끼≫에서는 여성과 여성성이 프로이트라는 분석가가 침투하고자 하는 베일 뒤의 수수께끼로 구성되는 방식을 논한다(Deutscher, 1999: 169).

참고문헌

지크문트 프로이트 지음, 정장진 옮김(2014). "레오나르도 다 빈치의 유년의 기억". ≪예술, 문학, 정신분석≫. 열린책들.

Alfandary, I.(2021). Sarah Kofman, Lectrice de Freud. In Michaud, G. & Ullern, I.(eds.). *Sarah Kofman: philosopher autrement*, pp. 431–449. Paris: Hermann.

Deutscher, P.(1999). Complicated Fidelity: Kofman's Freud(Reading *The Childhood of Art* with *The Enigma of Woman*). In Deutscher, P. & Oliver, K.(eds.). *Enigmas: Essays on Sarah Kofman*, pp. 159–173. Cornell University Press.

Kofman, S.(1973). *Quatre romans analytiques*. Paris: Éditions Galilée, collection *La philosophie en effet*.

Kofman, S.(1975). *L'Enfance de l'art: Une interprétation de l'esthétique freudienne*(rééd). Paris: Éditions Payot.

04
니체와 은유

니체에 대한 코프만의 첫 번째 저서인 ≪니체와 은유≫는 니체에게서 언어와 개념이 모두 은유적 기원을 갖는 데 주목한다. 니체는 은유를 형성하려는 욕구를 인간의 근원적 충동으로 본다. 이때 은유와 개념, 예술과 과학 사이에는 그 어떤 우선순위나 위계가 있을 수 없다. 철학은 시의 한 형태라는 점을 받아들일 때, 은유와 개념, 시와 철학이라는 장르를 한데 섞는 전대미문의 철학이 탄생한다.

철학의 언어와 문체

니체에 대한 코프만의 첫 번째 저서인 ≪니체와 은유≫는 68혁명 직후인 1969~1970년에 고등사범학교(École Normale Supérieure, ENS)에서 개최된 데리다의 세미나에서 그 연구 초벌이 발표되었다. 폴 패튼(Paul Patton)이 "니체와 은유(Nietzsche and Metaphor)"라는 논문에서 언급했듯 ≪니체와 은유≫는 니체에 대한 프랑스적 해석의 발전 과정에서 중요한 계기를 나타낸다. 그리고 이러한 해석은 사회학과 인문학을 관통해 니체에 대한 관심을 회복하는 데 중요한 역할을 담당했다(Patton, 1999: 97). 더욱이 코프만은 니체에게서 은유 문제를 처음으로 주목한 학자 중 한 명이었다. 코프만의 니체 연구의 큰 장점은 니체가 은유를 지속적으로 사용했음을 밝힐 뿐 아니라 니체의 은유 사용을 그의 사고와 언어의 본성에 대한 관점에서 주목하고 분석한 데 있다. 이 과정에서 코프만은 "순수하게 개념적이지도 않으며 순수하게 은유적이지도 않은, 과학적이지도 예술적이지도 않은" 문체(style)의 창조자로 니체를 재평가하도록 이끈 해석의 선두에 서 있었다(Patton, 1999: 97).

코프만은 ≪니체와 은유≫ 서문에서 니체에게 철학이

과학이 아니라면 철학은 시 역시 아니라고 지적한다. 또한 철학은 기존의 어떤 항목으로도 분류할 수 없고, 다른 어떤 것으로도 환원할 수 없는 글쓰기를 발명해야 한다고 주장한다. "커다란 난처함. 철학은 예술이거나 과학인가? 그것은 그 목적과 산물에 관해서는 예술이다. 그러나 그 표현 수단인 개념을 통한 진술은 과학과 공통된다."(Kofman, 1983: 9) 코프만은 자신의 자발적 평가를 절대적 가치로 설정하려 하면서 진리를 거짓에, 선을 악에 대립시키는 등 자신의 철학적 문제를 시적 문제와 반대되는 것으로 설정하려는 철학자의 폭정에 반대한다. 이와 동시에 코프만은 은유의 가치만을 격찬하면서 용어들을 전복하는 철학자의 폭정에도 반대한다. 따라서 코프만은 니체가 말하는 철학적 글쓰기가 다음과 같다고 제시한다. "개념이 더 이상 은유보다 가치가 없다는 것을 알고 개념적으로 글을 쓰는 것, 개념 그 자체가 은유의 응축이라는 것을 인식하고 자신의 글을 계보학적 해독에 노출시켜 글을 쓰는 것은 개념을 비방하고 은유를 규범으로 제시하며 은유적으로 글을 쓰는 것보다 더 니체적인 것 같다."(Kofman, 1983: 11)

코프만에 따르면 니체에게 언어와 개념은 모두 은유적 기원을 갖는다. 니체가 인간을 "예술적으로 창조하는 주체"로 부르는 것은 바로 언어와 개념의 은유적 기원 때문이다(Patton, 1999: 101). 즉 니체는 은유를 형성하려는 욕구를 인간의 근원적 충동으로 보고, 따라서 "은유와 개념 사이의 관계, 또는 예술과 과학 사이의 문제에서 어떤 우선순위나 위계를 도출해 낼 수 없다"고 주장한다. 양자는 모두 그 기원에서부터 근원적 은유성을 지니기 때문이다(Patton, 1999: 104). 이처럼 니체는 은유와 개념 간 본성적 차이가 아니라 정도의 차이만을 인정하면서, "시와 혼동될 위험이 있는 은유를 단호하게 사용하는 일종의 철학을 시작했다"(Kofman, 1983: 30).

철학은 시의 한 형태며, 철학자가 은유로 말한다는 것은 은유를 수사학적으로 사용하지 않으면서 언어에 가장 자연스러운 표현, 즉 "가장 정확하고 가장 단순하고 가장 직접적인" 다채로운 표현을 재발견하는 것이다. 이러한 맥락에서 니체가 ≪비극의 탄생(Die Geburt der Tragödie)≫을 쓸 때 말하기보다 노래하거나 시인으로서 말하고 싶은 것을 표현해야 한다고 생각했음을 이해할 수 있다. 그리고 여기서 새로운 철학적이고 시적이며 유희적인 글쓰기가 나온다. 즉 "글쓰기가 개념적이든 은유적이든(니체 이후로 이 두 개념의 대립은 거의 사라졌다), 중요한 것은 글쓰기를 웃어넘길 줄 알고, 그로부터 충분한 거리를 두고 놀 수 있는가다"(Kofman, 1983: 11). 여기서 니체는 새로운 개념이나 은유를 창조하기보다는 기존 개념과 은유를 가지고 놀고 패러디하는 사람으로 등장한다(Patton, 1999: 107).

한편 코프만은 니체가 ≪이 사람을 보라(Ecce Homo)≫에서 제시하듯 철학의 언어는 시의 특권을 찬양하는 "디오니소스적 파토스"를 "철학적 파토스"로 번역하는 과정이며, 여기서 은유와 개념, 시와 철학의 장르를 한데 섞는 독특한 전대미문의 철학이 탄생한다고 본다. 예를 들어 니체의 작품 대부분은 매우 독특한 "산문"으로 이루어져 있다. 이는 "감탄사적이고, 의문사적이며, 은유로 가득 차 있고, 용어는 이탤릭체나 따옴표로 묶여 있어서 … 다른 철학적 텍스트와 영원히 구별되고, 위치를 알 수 없고, 아토포스(atopos)적"이다. 비록 음악이나 시의 특권을 찬양하면서도 "철학적 파토스"로 글을 쓸 수밖에 없는 역설이 불거지지만, 이는 오히려 "철학의 특수성, 그것이 다른 표현 형식으로 환원될 수 없다는 점"을 인식하는 것이다. "비록 이 철학이 더 이상 전통적인 면이 없고, 전대미문의 오만불손한 철학이라 하더라도 말이다. 모든 '장르'를 글 속에 섞어 놓고, 모든 반대를 폭소와 함께 지워 버리는 철학."(Kofman, 1983: 13)

은유와 개념

니체는 ≪비극의 탄생≫에서 기존의 개념적인 철학의 언어가 '세상의 진리'를 표현하는 데 가장 부적합하다고 판단했는데, 그것이 세상의 진리로부터 세 단계나 떨어진 단순한 은유의 은유이기 때문이다. 반대로 음악은 최고의 언어로서 일반적인 현상적 형태인 의지를 가장 잘 표현하기 때문에 니체는 그것을 은유적으로 '세상의 음악' 또는 세상의 멜로디라고 불렀다(Kofman, 1983: 18). 서정시인은 광란의 회오리바람에 휩싸인 빠르게 변화하는 부조화한 이미지로 음악을 모방하는 경향이 있다. 서정시는 이미지 시각과 감정을 사용한 디오니소스적 음악의 은유적 표현이다. 그러나 서정적인 천재는 디오니소스적 음악가가 시각적 "이미지에 의존하지 않고" 세상의 원초적 메아리와 동일시해 울려 퍼질 수 있게 하는 것을 자신의 방식으로 표현한다.

전통적인 철학의 언어는 '세상의 음악'을 개념적으로 석화하기 때문에 가장 결함이 많은 언어다. 철학자에게 변증법과 과학적 성찰은 시인에게 운문(vers)이 하는 것과 같은 역할을 하며, 운문이 시인의 변용(métamorphose)을 번역하는 데 부적합한 것과 마찬가지로 변증법과 과학적 성찰은 철학적 직관을 표현하는 데 부적합하다. 이러한 맥락에서 코프만은 "음악의 언어가 최고의 은유"며, 다른 모든 표현은 다소 거친 은유에 불과하고, 개념적 언어는 가장 약하며 음악이나 시적 이미지를 통해서만 강함을 되찾을 수 있다고 본다(Kofman, 1983: 27). 니체는 은유와 개념 사이에 설정되는 관계를 징후적으로 역전시킨다. 즉 아리스토텔레스를 계승한 형이상학적 전통에서처럼 은유가 개념을 참조하는 것이 아니라 개념이 은유를 참조한다고 여긴다.

아리스토텔레스에 따르면 개념은 은유보다 우선한다. 은유는 한 개념을 다른 개념으로 옮기는 것, 또는 논리적 장소에서 다른 논리적 장소로, '본래의 장소'에서 '비유적 장소'로 이동하는 것으로 정의된다. 그러나 니체는 은유에 대한 아리스토텔레스의 정의를 따르지 않는다. "그것은 세계를 본질에 해당하는 잘 정의된 속(genre)과 종(espèce)으로 구분하는 것을 전제하는 반면, 니체에게 사물의 본질은 수수께끼며 속과 종은 그 자체가 인간적이고 너무나 인간적인 은유에 불과하기 때문이다. 여기서 이동(transport)은 한 장소에서 다른 장소로의 이행이 아니라 그 자체가 ≪비극의 탄생≫에 나타난 변모, 황홀경, 자기 상실, 변신 등 여러 의미를 함축하는 은유로 받아들여야 한다. (이는 명확하게 지정된 속과 종 간의 구분이 삭제되었을 때에만

가능하다.)”(Kofman, 1983: 27-28)

아리스토텔레스 이후의 철학과 과학은 논증을 우위에 두고 은유를 시적 영역으로 밀어 넣었다. 그러나 니체적으로 말하자면 철학과 시의 대립은 전통적 형이상학의 사고일 뿐이다. 이 지점에서 코프만은 ≪비극의 탄생≫을 비롯한 니체의 초기 저작들이 은유의 지위와 관련해 가져온 새로움은 철학과 철학적 문체의 근본적 개념 작용을 드러낸 데 있다고 본다. 즉 코프만에 따르면 철학과 예술 그리고 과학 간 관계를 새롭게 도입하는 그 저작들은 은유를 “근본적인 작동 개념(une notion opératoire fonfamentale)”으로 삼는다(Kofman, 1983: 29-30).

전 소크라테스 모델로의 회귀

니체는 초기 저작인 ≪철학자의 책(Le livre du philosophe)≫에서 “수학적 진술은 철학의 본질에 속하지 않는다”고 주장한다. 또한 ≪그리스 비극의 시대 철학의 탄생(La naissance de la philosophie à l’époque de la tragédie grecque)≫에서는 “‘상상’은 시에서와 마찬가지로 철학에서도 중요한 역할을 담당한다”고 주장한다. “철학자는 창조하면서 인식하고, 인식하면서 창조"하는 존재이기 때문이다. 이러한 맥락에서 코프만은 니체라는 새로운 철학자가 모든 개념을 구성하는 은유를 드러내기 위해 비정형화된 은유를 사용했다고 본다(Kofman, 1983: 31).

그런데 니체가 은유를 사용하는 새로운 유형의 철학을 내놓을 수 있었던 이유는 그러한 유형의 철학, 즉 전(前) 소크라테스 철학이 존재했기 때문이다. 따라서 원래의 그리스 철학을 되살리고, 허무주의 세력의 승리로 침몰한 망각에서 그 철학을 구출하고, 그것을 모델로 삼아 반복하는 문제가 관건이 된다. 이러한 맥락에서 니체는 ≪그리스 비극의 시대 철학의 탄생≫에서 그리스 철학자들을 계보학적 관점에서 해석하며, 철학자의 은유적 문체를 시금석으로 삼는다. 니체에 따르면 "은유적 문체는 삶의 충만함의 지표며, '논증적' 문체는 가난의 지표다. 의도적으로 은유를 사용한다는 것은 삶을 긍정하는 것"이며, 개념을 선호한다는 것은 "무에 대한 의지, 즉 금욕적 이상에 속하는 것"이다(Kofman, 1983: 33).

이러한 두 문체의 대립은 두 유형의 철학자, 즉 헤라클레이토스와 아리스토텔레스의 대립으로 표현된다. 그리고 그 대립은 디오니소스와 소크라테스라는 두 대조적 인물의 대립으로도 나타난다. 디오니소스에서 소크라테스로의 이행은 비극의 죽음, 즉 아이스킬로스를 잇는 에우리피데스, 노래를 대체하는 언어(verbe)로 나타난다. 이처럼 여러 다양성 속에서 삶의 긍정은 개인의 승리로 대체되고, 무의식보다는 의식이, 천진난만함보다는 자기인식과 반성이 우선시된다. 이처럼 전 소크라테스 시대 그리스인들 이후의 철학자들은 직관보다 논리적 이성이, 헤라클레이토스와 예술적 본능보다 아리스토텔레스가 우선시되는 "찡그리고 창백하고 우울한 인물, 신학적 화폐 위조자"에 지나지 않는다(Kofman, 1983: 34). 아리스토텔레스에게 은유적 글쓰기는 긍정적이고 번영하는 삶의 지표가 아니라 성숙함의 부족과 불완전한 상태의 표시다. 이러한 해석을 통해 아리스토텔레스는 소크라테스 이전의 철학자들을 자신의 권위에 복종시켜 그들이 지녔던 난공불락의 독창성과 개성을 빼앗았다.

아리스토텔레스는 헤라클레이토스가 "모든 것은 언제나 그 자체 안에 모든 대립항을 통합한다"는 수수께끼와 같은 공식에 따라 비모순율(principe de non-contradiction)을 어겼고, 개념적 언어를 사용하면서 직관에 실패하는 동시에 비논리주의를 초래했다고 비난한다. 그러나 코프만은 헤라클레이토스가 논리적 모순을 무릅쓰고 모든 우주적 은유 중 가장 놀라운 은유, 즉 이성으로는 믿을 수 없는 제우스의 놀이로서 세계를 발견했다는 점에 주목한다. 코프만에 따르면 헤라클레이토스가 발견한 "제우스의 놀이는 순수함으로 건설하고 파괴하는 예술가와 어린아이의 놀이와 같다 삶의 예술적 본능은 놀이 속에 자유와 필요성이 있는 한 새로운 세상의 빛을 끊임없이 요구한다"(Kofman, 1983: 35). 이러한 맥락에서 코프만은 헤라클레이토스의 제자로서 놀이로서의 세계라는 은유를 차용한 니체가 아리스토텔레스 전통의 서양 철학을 넘어 깊은 심연과 망각을 건너뛰고 뒤로 돌아가 전 소크라테스 철학을 반복했음을 강조한다.

참고문헌

프리드리히 니체 지음, 박찬국 옮김(2024). ≪비극의 탄생≫. 아카넷(대우고전총서).

Kofman, S.(1972/1983). *Nietzsche et la métaphore*. Paris: Éditions Payot/Éditions Galilée.

Nietzsche, F.(1990). *La naissance de la philosophie à l'époque de la tragédie grecque*. Paris: Gallimard, collection *Folio essais*.

Patton, P.(1999). Nietzsche and Metaphor. In Deutscher, P. & Oliver, K.(eds.). *Enigmas: Essays on Sarah Kofman*, pp. 97–108. Cornell University Press.

05
은유의 망각

서양 철학에서 전 소크라테스 모델이 아리스토텔레스 모델로 교체되면서 개념은 은유를 지웠고, 은유의 망각은 개성과 차이의 삭제로 귀착했다. 코프만은 개념 자체가 은유적 활동의 산물임이 은폐되면서 개념이 은유의 망각에 특권적 역할을 하고 있음에 주목한다. 이에 프로이트 정신분석학적 모델을 도입해 형이상학의 기반인 개념적 사유를 비판한다.

유형학적 언어 개념

서양 철학에서 전 소크라테스 모델이 아리스토텔레스 모델로 교체되면서 개념은 은유를 지웠고, 은유의 망각은 개성과 차이의 삭제로 귀착했다. 이러한 개념의 우위와 은유의 망각이라는 지점에서 코프만은 정신분석학적 모델을 도입한다. 이로써 근원적 은유의 관점에서 개념적 사유를 비판한다. 여기서 '프로이트적 니체'라는 코프만만의 독특한 니체 해석이 등장한다. 이러한 해석을 통해 코프만은 개념과 은유의 관계에 프로이트적 모델을 적용해 전통 형이상학이 파 놓은 개념과 직관 사이의 심연을 회복하고자 했다. 그럼에도 코프만은 "개념을 차이의 불구대천의 원수이자 반동 세력을 위한 억압적 기관으로 묘사"하고자 하는데, 이는 68혁명 이후 "동일성의 폭력에 반대하는 차이에 대한 찬양의 수사학" 혹은 "수사학적 차이의 정치"에 기반한다(Patton, 1999: 105-106).

니체는 1870년대 초의 노트에서 은유의 망각이 단순히 자연적 과정과 시간의 흐름의 결과임을 암시하는 일련의 은유를 사용한다. 닳아서 더 이상 동전으로서 기능할 수 없게 된 형태, 은유의 "잔여물" 또는 "경화되고 굳어진" 은유로서 개념들이 그것이다(Patton, 1999: 106). 그러나 코프만의 니체 해석은 그것이 단지 선형적 역사의 시간에 대한 믿음을 포함하는 경험적 망각일 수 없음을 함의한다. 즉 코프만은 니체가 초기 작품에서부터 선형적 시간을 약화했다고 주장하며, 전통적 시간 개념과의 단절을 의미하는 니체의 '유형학적' 역사 개념을 제시한다. "[선형적인] '역사적' 시대를 넘어 동일한 것의 차이로 돌아가는 것은 영겁회귀가 취하는 형태 중 하나다. 시간은 한 기원에서 정해진 종말을 향해 돌이킬 수 없이 전개되는 것이 아니다. 즉 시간은 서로 대립하는 세력이 번갈아 가며 승리하고, 천진스레 세계를 건설하고 파괴하는 리드미컬한 놀이다. 억압과 억압된 힘의 복귀를 포함하는 리드미컬한 놀이."(Kofman, 1983: 41-42)

따라서 코프만은 "망각의 새로운 개념"을 요청한다. "은유의 망각은 특정 시점에 발생하지 않으며, 일정 시간이 지나서도 일어나지 않"는다. 또한 그것은 단순히 개념 때문에만 작용하는 것이 아니다(Kofman, 1983: 42). 망각은 근원적이며, "은유적 활동 자체와 필수적인 상관관계"에 있다. 인간은 항상 이미 "기원에서부터 예술가"이지만, 모든 활동 속에서 자신이 여전히 예술가라는 사실을 항상 망각해 왔기 때문이다.

코프만은 개념이 망각된 여러 은유들의 응축물이라는

관점에서 은유적 언어와 개념적 언어의 대립을 제거하지만, 낭비를 두려워하지 않는 '고귀한' 예술적 언어와 빈곤에서 태어난 군중의 언어 사이 대립을 유지한다. 코프만에 따르면 점점 추상화해 변형되는 원어(la langue originaire)는 유형론적 의미를 지닌 신화로 해석되어야 한다. 하나의 기원에서 출발한 선형적 의미에서의 역사적 진화는 존재하지 않는다. 즉 두 가지 유형의 언어가 항상 존재했다(Kofman, 1972: 58). 하나는 의식의 발달을 촉진하는, 사람들 간 의사소통을 위한 "피상적"이고 "평범한" 군중의 언어고(Kofman, 1983: 57-58), 다른 하나는 더욱 개별적이고 고귀한 예술의 언어다.

은유의 망각에 대한 프로이트적 해석

니체는 형이상학자들이 파낸 '망각'이나 '심연'에 따르면서 직관과 개념, 비논리적인 것과 논리적인 것의 대립을 넘어서지 않는 것처럼 보인다. 그런데 코프만에 따르면 이는 개념과 은유의 대립을 지우고, 그 균열을 메우며, '이성'과 '논리'가 사람들이 '비논리적' 활동이라고 부르는 것의 산물임을 보여 주기 위한 전략이다.

코프만은 니체가 ≪철학자의 책≫에서 근원적인 본능적 활동, 즉 허구를 창조하는 예술적 힘에 대해 말하는 대목을 주목한다. 코프만은 일차적으로 은유적 활동이 "본능적이고, 무의식적이며, 다른 여러 본능들 중 하나가 아니라 모든 본능의 일반적인 형태"라고 본다. 또한 ≪철학자의 책≫에서 니체가 인간을 '은유적 동물'로 정의함으로써 아리스토텔레스의 정의를 조롱한다는 점을 강조한다. 즉 '이성적 동물'은 모든 생명체와 마찬가지로 은유적 활동의 산물일 뿐이라는 것이다(Kofman, 1983: 43-44). 의식적 활동은 이러한 본능적 활동을 피상적으로 단순화한 것에 불과하다. 다시 말해 의식적 활동은 본능적 활동, 무의식적 활동의 연장이며 그 표현이 우회되거나 승화된 방식일 뿐이므로 무의식적 활동 없이는 이해할 수 없다(Kofman, 1983: 44, 46).

그러나 의식적 활동으로 여겨지는 개념은 그 자체가 은유적 활동의 산물임에도 은유적 활동을 본질적인 일반성에 기초하고 일반화 과정에서 은유적 특성을 은폐함으로써 은유의 망각에 결정적 역할을 한다. 코프만은 프로이트의 용어를 빌려 개념이 은유의 망각에서 특권적인 역할, 즉 "이차적 억압을 유지하는 반집중적인 힘의 역할"을 수행한다고 주장한다. 그리고 그러한 역할을 수행하는 개념은

"모든 인식과 모든 활동의 근원인 은유적 활동을 삭제하고, 이후에 이차적 합리화 시스템을 구축할 수 있게 해 준다"(Kofman, 1983: 55)고 본다. 개념으로 인해 인간은 자신이 가장 시원적인 은유적 활동을 하고 있다는 사실을 알지 못한 채 세계 전체를 잘 정돈된 논리적 항목으로 배열한다.

그러나 실제로 개념은 선천적(a priori) 관념도, 모델도 아니다. 그것은 "기억 속에 고정되고 굳어져 매우 많은 현상에 적합하며, 이러한 이유로 각 현상에 대해 특히 매우 부적절하고 매우 불충분한" 지속적 인상이다(Kofman, 1983: 55). 인상은 수천 가지의 은유로 지각된 이미지를 반복하는 모방을 통해 유사성을 발견하고, 유사한 것에서 동일한 것과 통일된 것으로 이행하면서 개념으로 나아간다. 이러한 개념의 형성은 언어와 사회의 개입, 이성과 실체의 원리가 '부당하게' 적용되는 것을 포함한다. 개념적 언어는 사물들 사이에 존재하는 차이를 존중할 수 없으며, 무리의 관점을 표준으로 부과한다. 개인적인 은유는 집단생활에 위험하다고 여겨져 억압되며, 이러한 억압은 개념 자체의 은유적 성격을 은폐한다.

결국 은유들은 개념 속으로 '경화되고 굳어짐'으로써 그 기원이 지워지고, 결국 은유로서의 본성을 잃고 망각된다.

이때 경직화는 자연적 진화의 결과가 아니며, 은유를 마모시키고 감각적 힘을 잃게 하는 단순한 시간의 흐름의 결과가 아니다. 은유가 '적절한' 것으로 변형된다는 것은 폭력의 관계들 그리고 힘의 관계들 속 변형을 의미한다. "인상은 석화한다. 인상은 개념에 의해 취해지고 표시된 후, 죽임을 당하고 벗겨지고 미라화해 개념의 형태로 보존된다."(Kofman, 1983: 68)

은유는 개념, 논리, 과학을 위해 이차적으로 억압된다. 그리고 은유에 대한 일차적인 억압과 망각은 책임감, 자의식, 도덕적 양심의 창조와 함께 발전하는 '사회적 기억'의 창조에 의해 일어난다. 여기서 은유적 활동의 '부정의'는 '사회정의'의 형태로 억압되고 승화된다. 이처럼 코프만은 개념과 은유의 관계에 대한 정신분석학적 모델을 은유의 억압에 수반되는 힘에 대한 계보학적 설명에 접목한다. 니체가 ≪도덕의 계보학(Zur Genealogie der Moral)≫에서 설명한 바에 따르면 망각은 오래된 평가의 전유와 변형을 수반하는 새로운 힘에 의한 관점 전환의 결과다. 특히 은유의 망각은 상대적 허약함에 대한 도덕적 판단을 불러일으키는 반동적 힘의 승리의 결과다(Patton, 1999: 106).

거미의 은유

≪니체와 은유≫에서 코프만은 니체가 일상 언어와 모든 언어 중 가장 '잘 만들어진' 언어인 과학의 위계화된 개념 체계를 설명하기 위해 전통에 따라 사용하는 듯하지만 실상 그것을 조롱하기 위해 사용하는 여덟 가지 '건축적 은유(architectures métaphorique)'에 주목한다(Kofman, 1983: 70). 그중에서 '거미의 은유(la métaphore de l'araignée)'는 동일성에 기반해 차이를 삭제하는 개념과 이러한 개념 체계에 기반한 전통 형이상학을 준열하게 비판한다.

여기서 니체는 형이상학적 인간상을 영원한 이성 거미로 대체하는데, 이 거미는 자신으로부터 "경직되고 규칙적인 개념의 거미줄"을 짜내어 펼친다. 이러한 은유는 마치 "거미가 자신의 물질로 거미줄을 만드는 것처럼, 개념의 구성이 인간 자신으로부터 이루어진다"는 것을 강조한다(Kofman, 1983: 102). 더 나아가 코프만은 이 은유를 흡혈귀같이 삶을 빨아 먹는 이성적 인간에 대한 은유로 해석한다.

> 흡혈귀처럼 거미는 자신의 조직으로 끌어들인 모기들의 피를 빨아 먹는다. 이는 굶주린 개념이 삶으로부터 양분을 취

하기 때문에 개념이 삶을 훼손하고 창백하고 슬프고 추하게 만드는 것과 마찬가지다. 그러나 삶으로부터 양분을 취한다고 해서 개념이 그 자체로 살아 있는 것은 아니다. 개념은 단지 생명의 환영이자 유령일 뿐이다. 그가 입고 있는 누더기는 거미줄처럼 구멍이 가득한데, 이는 그의 가난을 상징한다. 개념은 이미 의인화된 삶에서 양분을 취하기 때문에 삶의 모습을 띠고 있을 뿐이다. 인간은 자신이 세상에 이미 준 것만을 세상에서 받아들이고, 자신의 물질로 먹고살다가 거미가 거미줄을 치듯이 그것을 개념으로 풀어낸다.(Kofman, 1983: 102)

더 나아가 거미의 은유는 신의 존재에 대한 목적론적 증명을 조롱함으로써 그것을 탈신비화한다. 즉 신이 세계의 설계자라면 그는 단지 최고의 거미에 불과하다는 것이다. 거미의 산물인 신은 스스로를 거미로 변신시켜 가지적인(intelligible) 모형을 만들어 내는데, 감각적인 것(le sensible)은 형편없이 칠해진 그 모형의 복사본일 뿐이다. 이 같은 거미의 은유는 일반적으로 "누더기, 유령, 병약한 창백함의 은유에 연결되어 개념이 삶에 대한 증오와 욕망의 죽음"임을 나타낸다(Kofman, 1983: 104). 즉 개념을 체계화해 '이상적인 세계'를 창조하는 것은 극도로 빈약한 삶을 사는 어떤 생명체들이 삶을 유지하기 위해 실행하는 유일한 책략이라는 것이다. 이처럼 코프만은 개념들로 체계화된 이상적인 세계가 감각의 세계보다 더 유혹적이라고 보며, 니체로 대변되는 새로운 철학자는 그 이상적인 세계에 숨겨진 독과 그 세계에 상응하는 욕망의 체계를 밝혀내야 한다고 주장한다. 그리고 이는 형이상학적 화려함의 가면 뒤에서 허무주의적 의지, 삶을 두려워하는 삶, 관능에 유혹당하는 것을 두려워하는 삶을 해독하는 과정을 필요로 한다고 주장한다.

참고문헌

Kofman, S.(1972/1983). *Nietzsche et la métaphore*. Paris: Éditions Payot/Édition Galilée.

Patton, P.(1999). Nietzsche and Metaphor. In Deutscher, P. & Oliver, K.(eds.). *Enigmas: Essays on Sarah Kofman*, pp. 97–108. Cornell University Press.

Toma, C.(2021). Lectures arachnéennes(Nietzsche, Kofman). In Michaud, G. & Ullern, I.(eds.). *Sarah Kofman: philosopher autrement*, pp. 159–171. Paris: Hermann.

06
비극과 희극, 철학자의 웃음

연극과 이론, 사변적인 것과 비극적인 것에 공통된 일종의 카타르시스적 기능은 관객의 감정을 해소하기보다는 악화하며, 그에 대한 처방전과 약의 역할을 할 뿐이다. 코프만의 니체는 이러한 쇠퇴하고 노회한 철학 대신 전 소크라테스 시대, 위대한 그리스 초기 비극 시대의 철학으로 돌아가야 한다고 주장한다. 삶과 분리되지 않은 이 철학은 긍정적인 디오니소스적 세계와 마주할 때 터져 나오는 웃음으로 귀결한다.

사변과 비극의 유사성

코프만은 니체에 대한 두 번째 저서인 ≪니체와 철학의 장면≫의 서문에서 이 책이 몇 년 전에 쓴 저서 ≪니체와 은유≫의 '후속작'은 아니며, 그 기획이 앞의 책과 완전히 다르다고 공표한다. 그럼에도 코프만이 ≪니체와 은유≫에 이어 ≪니체와 철학의 장면≫에서 소크라테스 이후의 서구 전통 철학에 대한 비판을 이어 나간다는 점에서 연속성이 발견된다. 단, ≪니체와 은유≫가 개념이라는 회색 누더기 옷을 입은 철학에 대한 비판이라면, ≪니체와 철학의 장면≫은 위선적으로 연극을 상연하는 배우로서 철학자에 대한 비판이다.

≪니체와 철학의 장면≫의 서문에서 코프만은 "니체가 연극과 이론 사이의 본질적 유사성을 인식한 점을 강조"한다. 즉 "사변적인 것과 비극적인 것에 공통된 카타르시스적 기능"(Kofman, 1986: 12)이 있으며, 연극과 이론은 안도감과 평온을 주는 동일한 작업을 수행한다고 주장한다. 코프만은 철학적 작업에 내재한 이러한 측면을 감추는 모든 시도를 규탄한다.

철학자들은 배우(comédien)다. 왜냐하면 그들은 도덕성의

> 가면 뒤에 위선적으로 비극과의 공통점을 숨기기 때문이다. 존재하는 가장 폭군적인 권력의지인 그들은 자연의 디오니소스적 기상천외함에 그들만의 아폴론적 척도를 부여한다. 그들은 모두 자신의 이미지에 따라 안심할 수 있는 이중적 세상을 창조하고, 그러한 세상은 생성의 폭력, 고통과 죽음으로부터 자신을 보호해 준다. 그들의 '철학'은 항상 참을 수 없는 것을 참을 수 있게 만들고, 생성의 모순과 모호함을 '넘어가게' 하기 위한 약이다. 철학은 카타르시스의 특별한 경우다. 비극과 마찬가지로 철학은 개념과 베일을 통해 안도감과 평온을 제공하는 것을 목표로 한다.(Kofman, 1986: 11)

이처럼 코프만은 비극과 전통 철학의 유사성을 의학적·약리학적 은유를 통해 서술한다. 비극의 약리학적 힘을 보여 주는 좋은 예는 소포클레스의 두 비극, <오이디푸스 왕>과 <콜로노스의 오이디푸스>다. "자연의 무서운 심연"을 감히 들여다보았다는 이유로 스스로를 눈멀게 한 오이디푸스라는 인물은 실명의 약학적 힘, 즉 비극의 본질을 심연 속에서 표현한다. 오이디푸스의 실명은 자연의 깊숙한 심연을 감히 들여다보려는 불경한 시선이라는 훨씬 더 잔인한 위협으로부터 그를 보호하기 위한 약과 같다(Kofman, 1986: 83). 철학 역시 이러한 비극과 동일한 역할을 수행한다.

아리스토텔레스는 신중하지 못하거나 매우 나쁜 의사로서 비극이라는 동종요법을 통해 질병을 제거하려 했다고 비난받는다. 스토아학파는 감각의 결여를 유발하는 압박붕대로 묘사된다. 그리고 칸트와 독일 철학은 아편과 같은 혼미함을 유도함으로써 18세기의 지나치게 자극된 감수성을 진정시킬 수 있는 수면 효과를 지녔다고 칭송받는다(McKeane, 2021: 175). 프리드리히 횔덜린(Friedrich Hölderlin)이 말한 것처럼 우리가 비탄에 잠겨 있을 때만 철학을 한다면, 철학은 비탄이나 원한(ressentiment)과 동의어가 될 위험이 있다.

니체에 따르면 소크라테스, 그리고 특히 기독교에서 이러한 일이 일어났다. "철학은 의견 불일치와 고독의 힘이 된다. 쇠퇴(décadence)는 개인의 행복을 추구하는 여러 종파의 형성으로 특징지어진다.… 그리스 철학은 본질적으로 부정적이고 반작용적인 기독교가 된다. 그것은 의학, 즉 고통에 대한 약으로 변모한다."(Kofman, 1986: 38) 이러한 맥락에서 철학과 비극의 비교 틀이 명확하게 드러난다. 비극 그리고 그와 함께하는 철학은 관객의 감정을 해소하기보다는 악화하며, 그에 대한 처방전과 약의 역할을 할 뿐이다. 그리고 이러한 역할은 아리스토텔레스가 제시하는 '카타르시스'의 다른 이름일 뿐이다.

그러나 코프만은 니체에게 철학이란 외부에서 또는 사후에 환자에게 적절한 치료법을 선택하거나 의약품을 처방하는 문제가 아니라고 본다. "그것은 병든 사람들에게는 오히려 독이 되어 더 고립되게 만들 뿐이다. 철학은 철칙에 연결되어 있고 그 안에서 근본적인 위치를 차지하는 건강한 문명을 이루는 부분으로, 반작용이 아니라 적극적으로 사유되어야 한다. 그 기능은 예방적이다. 즉 질병을 치료하는 것이 아니라 출현을 방지한다."(Kofman, 1986: 20) 따라서 진정한 철학이란 삶과 분리된 것이 아니라 내적으로 생성하는 삶 자체와 동일하며, 사후적 처방이 아니라 언제나 이미 시작된 것이다.

위대한 그리스 비극 시대의 철학

코프만은 니체를 통해 철학과 비극의 유사성을 은폐하는 노회한 철학을 비판하지만, 그렇다고 니체적 의미에서의 비극 자체를 부정하지는 않는다. 니체는 그리스 비극에서 출발하는 '비극의 사상가'이며, 니체 사고의 첫 약동(élan)을 함양한 것은 분명 전 소크라테스 시대의 그리스인들이다.

"비극은 생의 약동, 즉 법이 아니라 니체의 눈에 가장 노예적인 지성적 형식인 변증법에 반대하는 긍정의 힘을 표상한다. 니체는 변증법을 통해 비극을 극복하기를 거부한다."(Cohen-Levinas, 2021: 247) 즉 니체는 헤겔에게 역사·국가와의 개인적 관계에 대한 물음을 제기하면서 그것을 이성적 전체성(totalité)에로 통합하는 것을 거부한다. 이 지점에서 니체가 이성적 전체성과 그로부터 나오는 전체주의가 반유대주의로 흐르는 경향을 간파했을 것이라는 추측이 가능하다. 이는 유대인으로서 코프만이 정반합과 지양에 기반한 헤겔의 변증법 대신 "디오니소스의 형상, 즉 끊임없이 자라나는 근원적 기쁨"과 긍정의 힘 속에서 융성하는 그리스 시대의 비극으로 돌아가려 하는 지점이기도 하다.

그러나 융성했던 고대 그리스 시대 비극이 쇠퇴하면서, 즉 초기 비극에서 나타나는 음악과 신화가 대화로 대체되면서 "아폴론은 자신의 분신인 디오니소스를 이기고 그의 피를 마지막 한 방울까지 마시고 비극은 죽음을 맞이한다"(Kofman, 1986: 11). 이는 바그너의 오페라에서 음악이 대본과 텍스트에 종속되고 수사학적으로 변질되면서 "예술적이고 훌륭한 인간의 선사 시대적 존재에 대한 믿음"을 제공하는 염세주의 치료약으로 전락하는 과정에 대한 니체의 지적과 일맥상통한다. 이에 따르면 바그너의 음악적 수사는 “디오니소스주의에 대한 풍자, 거짓 주화, 희극(comédie)에 지나지 않는다”(Kofman, 1983: 22). 비극의 죽음은 철학의 죽음이기도 하다. 철학의 운명과 비극의 운명은 밀접하게 연결되어 있다. 그리고 소크라테스는 그리스극의 위대한 인물들, 예를 들어 오이디푸스와 분리할 수 없는 인물로서 쇠퇴 속에서 철학적이고 비극적인 모습을 드러낸다.

이러한 맥락에서 코프만은 ≪니체와 철학의 장면≫에서 그리스의 첫 번째 철학자들이 철학의 모든 비판자와 적대자, 철학을 초보적이고 위험한 것으로 보고 거부하는 ‘민중의 의사들(médecins du peuple)’에 맞서 철학의 존재를 어떻게 정당화하는지 보여 준다. 그들은 “철학이라는 존재에 유리한 생존 조건이 질병과 노화가 아니라 건강, 젊음, 행복임을 보여 준다.… 그들은 병적인 필요에서가 아니라 건강함과 성숙함이 가득 찬 상태에서 철학을 했기 때문이다”(Kofman, 1986: 20).

이처럼 코프만은 문명에서 철학의 가치를 판단하기 위해서는 반드시 건강했던 초기 그리스인들의 번영기로 돌아가 ‘전 소크라테스 시대’에 존재했던 위대한 그리스 비극 시대의 철학을 다시 부활시켜야 한다고 본다. 초기 그리스인들만이 우리에게 철학에 대해 정확히 알려 줄 수 있기 때문이다. 현재의 상태로 철학을 판단하려 하는 것은 오판에 빠지는 것과 마찬가지다. 왜냐하면 철학은 이미 쇠퇴하고 왜곡된 상태로 존재하며, 철학에 더 이상 유리한 존재 조건을 제공하지 않는 병든 문명 속에서만 존재하기 때문이다. 이러한 맥락에서 위대한 그리스 비극 시대의 철학을 부활시키는 것은 디오니소스주의와 신화를 부활시키는 것이다. "이는 '아모르 파티(*amor fati*)'라는 비극의 철학을 증정하기 위해서 배우의 가면을 포기하는 것이다. 모든 기쁨과 고통을 사랑하고, 마치 의심스러운 여성을 사랑하듯이, 모든 모호함 속에서 삶을 원하듯이 충분히 강한 것이다. 불확실성의 위험, 심지어 연인에 대한 질투조차 타오르는 기쁨, '새로운 행복'을 삼킬 수 없다."(Kofman, 1986: 11-12)

두 가지 형태의 희극

코프만에 따르면 기존 철학자들은 도덕성이라는 가면 뒤에서 위선적으로 약리학적 효과를 지닌 철학과 비극의 공통점을 숨긴다. 이들 철학자가 지닌 가장 끈질긴 환상은 모든 충동적이고 디오니소스적인 힘에 대한 자율성과 독립성의 환상, 즉 아폴론적 환상, 이데올로기에 대한 환상일 것이다. 이러한 환상에서 표면적으로 아름다운 효과를 내기 위해 참을 수 없는 것, 즉 생성 속에 있는 자연의 심연을 직시하기를 피하고 그것을 억압하는 아폴론적 의미에서의 희극이 나온다. 철학자들은 "도덕이라는 희극(comédie)"을 연기하는 일종의 희극 배우라고 할 수 있다(Kofman, 1986: 145). 이러한 의미에서 희극은 보수적 영향을 나타내며, 존재의 외적 형태들을 비웃으면서 승인하는 것 외에 그 어떤 역할도 하지 않는다.

반면 코프만이 해석하는 니체적 의미에서의 희극은 아폴론적 가면이나 피상성을 수용하는 대신 그 가면을 벗긴다. 코프만은 니체적 프로이트 해석을 어느 정도 예비한 ≪예술의 유년기≫에서 "가면이 벗겨지면 웃는 것 외에는 할 일이 없다"라는 다소 시니컬한 논평을 통해 어떠한 의미에서 두 번째 형태의 희극이 나오는지 암시한다. 이러한 희극은 가면을 쓰고 희극을 연기하는 전통 철학자들의 보수적 제스처가 아니라 웃음의 불완전하고 심지어 해방적인 효과를 드러낸다. 이러한 맥락에서 코프만은 ≪니체와 철학의 장면≫ 서문에서 철학적 아카데미는 니체를 결코 용서하지 않을 것이라고 단언한다. 왜냐하면 니체는 기존

도덕이라는 위선을 연기하는 철학자들의 진지함과 노쇠함 즉 전통적 의미에서의 희극의 가면을 벗기고, 그들을 '회색' '개념' 옷에서 해방하며, 우리를 웃게 만드는 진정한 의미에서의 희극을 제시했기 때문이다.

> 니체는 선배들의 체계를 '반박'하거나 그들의 진리를 찬양하기 위해 텍스트를 읽지 않는다. 그는 철학자들의 사소한 실수, 모든 실수를 면밀히 주시하면서 그들의 '눈'으로 책을 읽으며 사상의 대가나 현자라고 자처하는 사람들의 어리석음과 유치함을 비난한다. 독단적인 철학자들은 자신들이 단지 자신의 욕망을 옹호할 뿐이라는 사실을 인정할 만큼 충성심이 없기 때문에, 그들은 철학의 "버릇없는 아이", "즐거운 지식"의 철학자가 그들을 몰래 감시해 그들의 가면을 벗기고 그 대가로 웃게 만든다. 즉 원초적 장면이나 성도착적 아이는 그의 아버지들, 이 늙은 철학자들을 비웃는다. 이들은 자신들의 아내와 함께 진리를 받아들이는 법을 알지 못한다. 니체와 함께 철학자를 "읽는" 것은 희극적인 광경에 참여하는 것과 같다. 이는 철학의 "천재"에게 적합한 재능, 즉 그의 가장 감춰진 재능은 희극적 재능임을 배우는 것이다.(Kofman, 1986: 11)

하지만 코프만은 이러한 니체의 희극적 재능이 그가 진지하지 않음을 의미하는 것은 아니며, 니체의 웃음이 모든 사람이 할 수 있는 일은 아니라고 단언한다. 그것은 철학적·역사적·언어적 우회를 의미하며, 빨리 웃고 싶어 그 모든 '진지함'을 없애고자 한다면 철학을 희극의 영역으로 가져오는 데 결코 성공할 수 없을 것이기 때문이다. 이렇듯 웃음과 희극이 시간과 진지하고 대담한 노력을 필요로 함에도 불구하고, 코프만은 니체가 조롱하는 현재의 철학적 장면에서 눈을 돌려 원시 그리스 장면으로 돌아섰을 때 웃음이 터져 나오는 것을 막을 수 없다고 다소 흥분되고 격양된 어조로 말한다. 이는 조롱과 비판의 의미에서의 웃음이라기보다는 우울함에서 벗어나 "정말 아름답다"고 외칠 수밖에 없는 아름답고 향수에 젖은 세계, 배신자의 가면 뒤에서 "배우들의 원망으로 분칠된 그 진정한 아름다움을 복원"함으로써 건강하고 긍정적인 디오니소스적 세계로 회귀해 그것을 마주 보았을 때 터져 나오는 웃음이다 (Kofman, 1986: 12).

참고문헌

프리드리히 니체 지음, 박찬국 옮김(2024). ≪비극의 탄생≫. 아카넷(대우고전총서).

Cohen-Levinas, D.(2021). Plus d'un "juif": Mourir à Auschwitz: Sarah Kofman dans les pas de Nietzsche et au-delà. In Michaud, G. & Ullern, I.(eds.). *Sarah Kofman: philosopher autrement*, pp. 229-248. Paris: Hermann.

Kofman, S.(1972/1983). *Nietzsche et la métaphore*. Paris: Éditions Payot/Édition Galilée.

Kofman, S.(1979/1986). *Nietzsche et la scène philosophique*. Paris: Union générale d'éditions/Éditions Galilée.

McKeane, J.(2021). Sarah Kofman et la mère-nature: de la tragédie à la comédie. In Michaud, G. & Ullern, I.(eds.). *Sarah Kofman: philosopher autrement*, pp. 173-184. Paris: Hermann.

07
여성의 수수께끼

≪여성의 수수께끼≫는 코프만이 여성, 여성성, 여성의 섹슈얼리티라는 문제로 시선을 돌려 페미니즘에 대한 관심을 적극적으로 드러내는 저작이다. 프로이트의 가상 강연 "여성성"을 치밀하게 분석하는 이 저작은 여성의 섹슈얼리티를 수수께끼로서의 진리로 구성하는 프로이트의 남성중심적 관점을 비판하는 한편, 여성으로 표상되는 진리란 없다는 니체적 프로이트 해석을 제시한다.

≪여성의 수수께끼≫를 둘러싼 문제들

코프만은 1980년 이전까지 프로이트와 니체 등 남성 철학자들의 텍스트를 충실하게 따라가면서 반복하는 동시에 해체하는 독특한 독법을 통해 차이의 존중에 이르렀지만, 표면적으로 여성이라는 문제를 적극적으로 개입시키지는 않았다. 그러나 1980년대 초반부터 코프만의 사유는 변화했다. 여성, 여성성, 여성의 섹슈얼리티라는 문제로 시선을 돌리고 적극적으로 관심을 갖기 시작했다. 그러한 관심을 반영하는 대표 저작이 ≪여성의 수수께끼≫다. 코프만은 자신이 결코 페미니스트가 아니라고 단언했지만, 프로이트의 짧은 가상 강연 "여성성"을 면밀하게 추적하는 ≪여성의 수수께끼≫에 나타난, 여성성과 여성의 섹슈얼리티에 대한 코프만의 문제의식과 접근 방식은 페미니즘과 교차하고 페미니즘 관점에서 해석될 여지가 상당히 크다. 대표적으로 토릴 모이(Toril Moi)나 퍼넬러피 도이셔와 같은 영미권 페미니스트 학자들을 중심으로 이 저작에 대한 페미니즘적 해석이 적극적으로 이루어졌다.

모이는 프로이트의 나르시시즘 여성의 수수께끼를 면밀하게 검토하는 코프만의 방식이 페미니즘에 커다란 잠재력을 가져다준다고 주장한다(Moi, 1987: 11). 도이셔는 코프만과 이리가레가 ≪여성의 수수께끼≫와 ≪반사경(Speculum, de l'autre femme)≫에서 각각 프로이트의 남근중심주의에 대한 상호 보완적 비판을 보여 준다고 주장한다.

코프만의 작품은 살아생전 몇 권만 영어 번역본이 출간되었는데, 영미권 독자들에게는 1985년 번역본이 출간된 ≪여성의 수수께끼≫가 가장 잘 알려져 있었다. 이는 비슷한 시기에 영어 번역본이 출간된 이리가레의 ≪반사경≫과 쌍벽을 이루며 페미니스트 비평가들에게 호평을 받았다. 예를 들어 가야트리 스피박(Gayatri Spivak)은 ≪여성의 수수께끼≫가 ≪반사경≫보다 "더 자세하고, 더 학문적이며, 방법론적으로 더 정교하고 더 통찰력이 있다"고 호의적으로 평가했다(Deutscher, 2000: 158). 그럼에도 ≪여성의 수수께끼≫가 ≪반사경≫에 비해 페미니스트 독자들 사이에서 제대로 자리 잡지 못했다는 데 아쉬움이 남는다.

두 작품은 남근중심주의 비판이라는 교차점에도 불구하고 '여성성'과 '성차'를 해석하거나 제시하는 방식에서 중요한 차이를 보인다. 코프만은 남근중심주의의 전복을 통해 새롭게 성차를 구축하는 이리가레와는 다른 방향에서 여성성을 해석하며, 새로운 관점의 여성주의적 정신분석학을 구축하는 데 중요한 실마리를 제공한다.

≪여성의 수수께끼≫는 "여성성"뿐 아니라 ≪히스테리 연구(Studien über Hysterie)≫, "도라의 히스테리 분석(Bruchstück einer Hysterie-Analyse)", "나르시시즘 서론(Zur Einführung des Narzissmus)" 등에서 프로이트가 파헤치고자 했던 여성성과 여성의 섹슈얼리티라는 여성의 수수께끼를 전면적으로 재고찰하는 작품이다. 이 책은 크게 두 부분으로 이루어져 있다. 1부는 여성성이라는 수수께끼를 여성 히스테리 환자와 나르시시스트 여성이 남성에게 불러일으키는 당혹감과 관련지어 살펴본다. 2부는 여성의 수수께끼의 핵심을 이루는 양성성 문제를 프로이트의 가상 강연 "여성성"을 분석하면서 다룬다.

프로이트는 남성과 차이가 있으며 남성보다 복잡한 양상을 띠는 "커다란 수수께끼"로서 여성성과 여성의 섹슈얼리티를 전 오이디푸스 단계의 발견에 힘입어 탐구한다. 프로이트는 자신의 이 혁명적 발견을 그리스 문명 이전의 미케네 문명에 비유한다. 프로이트 당대의 역사가들이 기원전 16세기에서 12세기 사이에 꽃피웠던 미케네 문명과 기원전 8세기의 초기 그리스 문명 사이에 근본적인 단절을 정립한 것과 마찬가지로, 프로이트는 여아 발달의 첫 번째 시기인 전 오이디푸스 단계와 오이디푸스 단계의 연속성보다는 단절에 주목했다. 그리고 이러한 단절에 기반해 전 오이디푸스 단계를 "모든 발달 관계의 목적"이 되는 오이디푸스 단계에 종속시켰다. 클라인이 오이디푸스 단계를 전 오이디푸스 단계에 복속시킨 것과는 반대되는 지점이다(Kofman, 1994: 36).

코프만은 이러한 과정에서 전 오이디푸스 단계의 발견이라는 프로이트 이론의 혁명성이 '남근선망'이라는 고정관념에 자리를 내주고 남근중심주의적 담론을 반복하고 있음을 관찰한다. 또한 프로이트가 탐구하고자 했던 여성성과 실제 여성의 모습 사이에 어떤 커다란 간극이 있는 것은 아닌지 묻는다. 프로이트가 전력을 다해 파헤치고자 했지만 끝내 절반의 해답밖에 얻지 못한 여성의 수수께끼란 과연 무엇인가? 여성의 수수께끼가 실제로 존재하기는 하는 것일까?

여성이라는 진리는 없다

프로이트는 "여성성"의 서두에서 '여성성'이라는 수수께끼를 모든 시대의 사람들이 골똘히 연구해 왔다고 주장한다. 그러나 이러한 연구와 숙고는 모든 사람이 아니라 남성들에 한정되었다. "여러분이 남자인 이상, 여러분도 이렇게 골똘히 숙고하는 데 예외가 아닐 것입니다. 그러나 여러분 가운데 있는 여자 분들은 그렇지 않을 것입니다. 왜냐하면 여러분 자신이 수수께끼이기 때문입니다."(프로이트, 2008: 152) 이 지점에서 코프만은 프로이트에게 여성의 섹슈얼리티가 커다란 삶의 수수께끼, 다소 진부하지만 남성들에게 항상 구미가 당기는 수수께끼로서 진리를 구성한다고 본다. 그러나 코프만은 프로이트가 "여성성" 서두에서 암시했듯 여성의 수수께끼에 대해 말하고 이 수수께끼를 해결하려고 노력하는 것은 철저히 남성적 관점하에 이루어지며, 여성들은 이러한 수수께끼로서 진리에 관심이 없고 회의적이라는 점을 지적한다.

> 그들은[여성들은] '진리'가 없다는 것을 잘 알고 있고, 그 베일 뒤엔 또 다른 베일이 있으며, 우리는 그 베일을 벗기고 또 벗기지만 어떠한 (사랑의) 여신도 "적나라한" 진리도 나타나지 않을 것이다.… 왜냐하면 '진리', 이 심오하게 베일 뒤에 숨겨진 팔루스라는 형이상학적 올가미, 이 올가미는 남자의 페티시적 환영이기 때문이다. 진리에 개입해 수수께끼를 풀려고 하는 여성은 '변질되었고, 반응적이고, 히스테릭하다'.(Kofman, 1994: 113)

여성으로 표상되는 진리는 베일에 덮여 그 신비한 환상을 유지하는 듯하지만 막상 그 베일을 벗겨 만천하에 드러낸다 해도 진리란 없다. 즉 남성들이 추구하는 형이상학적 의미, 페티시적 환상 이에는 아무것도 존재하지 않는다. 이러한 코프만의 입장은 니체적 의미에서의 여성관과 진리관을 반영한다. "세계는 '흐름 속에' 있다. 생성하는 어떤 것으로서, 결코 진리에 다가가지 못하고 늘 새롭게 밀려나는 허위적인 것으로서. 왜냐하면 '진리'란 존재하지 않기 때문이다."(권석우, 2023: 48) 여성은 이러한 메커니즘을 태어나면서부터 터득한 자로, 남성이 여성으로 표상하며 추구하는 진리에 관심이 없다.

"여성은 진리를 바라지 않는다. 여성에게 진리가 무슨 중요한 일이란 말인가! 여성에게는 처음부터 진리보다 낯설고 불쾌하고 적대적인 것은 없다. 여성의 큰 기교는 거짓말이요 그 최고의 관심사는 가상이며 아름다움이다."(니체, 2002: 223) 코프만은 여성에 대한 니체의 이러한 발언에서 여성혐오적 면모를 지우고, 자신의 새로운 해석과 언어를 통해 디오니소스적 여성의 모습을 재창조한다. 여성은 남성들이 추구하는 영원한 성으로 박제되기 이전의 존재들로서 "니체적 맥락에서 웃고 춤추는" 회의주의 철학자다.

이처럼 ≪여성의 수수께끼≫는 프로이트의 가상 강연 "여성성"을 면밀하게 추적하면서 '진리란 존재하지 않는다'(니체) 혹은 '여성은, 진리는 포착되지 않는다'(Derrida, 1998: 47)라는 니체와 데리다의 테제를 오가며 프로이트를 해체주의적으로 독해한다. 이로써 베일 뒤에 숨은 여성으로 표상되는 진리의 결여를 강력하게 주장한다.

도이셔에 따르면 코프만은 "여성성" 독해를 통해 프로이트의 "성차에 대한 인식 혹은 그것에 대한 부인의 핵심에 원래 진리가 없다"는 입장을 이끌어 내며, 프로이트에게는 여성과 남성 사이에 근본적 차이가 없다고 해석한다. 프로이트는 근본적으로 여성성과 여성의 섹슈얼리티를 남근선망이라는 남근중심주의에 복속시키면서 부인하기 때문이다. 도이셔는 프로이트의 페티시즘이 어머니의 성기가 없다는 "충격적인 발견"을 은폐하는 것이 아니라, 프로이트 자신의 "페티시"인 남근선망 이론이 성차를 표현할 가능성을 배제했음을 은폐하는 것이라고 보기도 한다(Deutscher, 1999: 172).

이러한 해석은 프로이트의 여성공포증적인 남근중심주의에서 성차가 부인되는 지점을 보여 준다. 그러나 다른 한편으로 코프만은 프로이트에게서 여성의 수수께끼라고 할 수 있는 여성의 양성성을 인정하는 지점과, 여성성과 남성성의 대립과 경계가 모호해지는 부분을 긍정적으로 포착하며 여성과 남성 간에 본질적인 성차란 존재하지 않는다는 자신의 이론을 정당화하기도 한다.

여성 히스테리 환자

프로이트는 여성의 섹슈얼리티라는 수수께끼를 남성적 관점에서 파헤치며, 그 자신이 존재하지도 않는다는 사실을 무의식적으로 알고 있는 여성이라는 진리를 탐구하고자 한다. 코프만은 프로이트의 이러한 여정이 여성 히스테리 환자를 대상으로 이루어지고 있다고 본다. 코프만에 따르면 남성은 여성의 섹슈얼리티라는 수수께끼에 대해 확실히 알 수 없다. 교육과 문화적 억압 그리고 사회가 여성에게 요구하는 덕목으로서 수치심 탓에 여성은 남성에 비해 자신의 섹슈얼리티에 대해 자유롭게 말할 수 없기 때문이다. 이러한 여성의 수수께끼를 파헤치기 위해 프로이트는 "폐쇄된 문" 혹은 "모든 각도에서 가로막힌 벽"으로 비유되는 여성의 "깊은 침묵"을 종식하려 했다(Kofman, 1994: 45).

18세 소녀 도라의 히스테리 분석을 통해 프로이트는 신경증 환자들이 간직한 '비밀'을 캐내는 작업이 얼마나 어려운지 이야기한다. 진료 초기에 환자에게 요청한 삶과 병력의 이야기 속에 숨어 있는 비밀들은 프로이트에게 커다란 수수께끼였으며, 여성들이 비밀 속에 감춰 둔 그들의 섹슈얼리티는 항해하기 어려운 어두운 강물과 같았다. 프로이트에 따르면 환자는 스스로 잘 알고 있으며 당연히 이야기해야 할 것 중 일부를 아직 극복하지 못한 소심함과 부끄러움 때문에 의도적으로 감춘다. 또한 무의식적으로 병력을 감추고 이야기 속에서 누락한다. 의도적으로 기억을 상실해 망각이나 틀린 기억으로 대치하기도 한다(프로이트, 2004: 199).

프로이트는 신경증 치료의 실제 목적이 모든 무의식적 증상을 포착해 의식적 사고로 전환하는 데 있다고 주장한다. 그러나 엘리자베트 폰 R 양이나 도라는 이미 의식 안에 비밀을 간직한 여성들이다. 이들은 사랑의 비밀을 간직했기에 아프고, 이 비밀은 의식 세계의 사회적 규범에 부합하지 않기에 발설할 수 없다. 이러한 맥락에서 코프만은 분석을 통해 여성 신경증 환자가 병의 원인을 의식하지 못하는 양 위장하지만 실제로는 그것을 의식하면서 비밀로 간직하고 있기 때문에 분석 치료는 단순히 여성들에게 말할 수 있는 권리를 반환하는 것은 아니라고 주장한다. 코프만에 따르면 분석 치료는 오히려 여성들의 비밀을 "박탈"하고 "탈취해" 가는 시도이자 그들에게서 말을 강탈하기 위한 시도다. 따라서 정신분석학이 여성들이 겪는 성적 억압에 대한 반대에서 생겨났고 여성에게 말할 권리를 되돌려준다고 할지라도 정신분석학이 여성들에게 가져다주는 약은 독이기도 하다. 정신분석학은 진리를 소유한다고 여겨지는 남자들의 관점에 "협력"하고 따를 것을 강요할 때에만 여성들을 치유할 수 있기 때문이다. 정신분석학적 해결은 여성에게서 더 많은 것을 강탈하고 스승의 말에 더 잘 복종하게 하기 위해 여성에게 말을 반환할 뿐이다(Kofman, 1994: 52).

이러한 맥락에서 여성이라는 타자의 말하기는 아우슈비츠 이후의 말하기, 권력을 벗어난 글쓰기와 맞닿아 있다. 그러한 말하기와 글쓰기는 아무것도 말할 수 없었던 자들의 이야기를 경청해야 하며, 때로는 그들이 침묵을 지킬 수 있는 공간을 마련해야 한다는 윤리적 요구를 내포한다. 프로이트는 심연 속에 묻힌 여성 환자들의 비밀을 백주에 드러내고 폭로하고자 했고, 그들에게 모든 것을 고백하게 했다. 코프만은 이것이 여성들에게 발언권을 주는 듯하지만 실은 여성들의 말을 강탈하는 것에 지나지 않음을 관찰하며, 이 과정에서 남성 분석가와 여성 환자 사이에 권력관계가 형성됨을 목도한다. 아무것도 말할 수 없는 여성에게 필요한 것은, 프로이트의 분석 치료처럼 범죄자가 수사관에게 고백하듯이 모든 것을 말하는 것이 아니라 때로는 침묵하고 비밀을 간직할 권리를 갖는 것이다. 침묵할 권리, 그것은 가부장적 사회 질서와 윤리 규범 속에서 여성이 살아가기 위한 생존 조건이다.

참고문헌

권석우(2023). "바우보 신화로 둘러보는 니체의 여성과 진리관". ≪인문언어≫, 25(1), 37-60쪽.

요제프 브로이어·지크문트 프로이트 지음, 김미리혜 옮김(2012). ≪히스테리 연구≫. 열린책들.

유서연(2014). "아우슈비츠를 넘어 디오니소스적 여성에로: 사라 코프만". ≪여/성이론≫, 31(겨울호), 162-187쪽.

지크문트 프로이트 지음, 김재혁·권세훈 옮김(2004). "도라의 히스테리 분석". ≪꼬마 한스와 도라≫. 열린책들.

지크문트 프로이트 지음, 임홍빈·홍혜경 옮김(2008). "여성성". ≪새로운 정신분석 강의≫. 열린책들.

프리드리히 니체 지음, 김정현 옮김(2002). ≪선악의 저편·도덕의 계보(니체 전집 14)≫. 책세상.

Derrida, J.(1978). *Éperons: Les styles de Nietzsche*. Paris: Flammarion. 김다은·황순희 옮김(1998). ≪에쁘롱: 니체의 문체들≫. 동문선.

Deutscher, P.(1999). Complicated Fidelity: Kofman's Freud(Reading *The Childhood of Art* with *The Enigma of Woman*). In Deutscher, P. & Oliver, K.(eds.). *Enigmas: Essays on Sarah Kofman*, pp. 159-173. Cornell University Press.

Deutscher, P.(2000). Disappropriations: Luce Irigaray and Sarah Kofman. In Olkowski, D.(ed.). *Resistance, Flight, Creation*, pp. 155-178. Cornell University Press.

Kofman, S.(1994). *L'énigme de la femme: La femme dans les textes de Freud*(3e édition). Paris: Éditions Galilée.

Moi, T.(1987). Introduction. *French Feminist Thought: A Reader*, pp. 1-13. Oxford, UK: Blackwell.

08
나르시시즘 여성

심연 속에서 침묵하는 여성은 접근 불가능하고 환원 불가능하며 불가해한 낯섦으로 남성에게 공포감을 주는 존재가 된다. 이들이 바로 냉담하고 자기충족적인 나르시시스트 여성들이다. 불안정하고 아토포스적 성격을 띠는 니체적 의미의 여성 앞에서 프로이트는 남성은 결코 여성이라는 수수께끼를 풀 수 없다는 통찰하에 여성을 부동의 위치에 고정한다. 즉 남근선망이라는 고정관념으로 귀착시킨다.

여성의 나르시시즘

심연 속에서 침묵하는 여성은 그러한 침묵을 통해 자신의 성을 "두꺼운 베일"로 뒤덮어 접근 불가능하고 환원 불가능하며 냉혹한 존재가 된다. 그 불가해한 낯섦으로 인해 침묵하는 여성은 남성에게 공포감을 주는 존재가 된다. 이러한 여성의 모델 중 하나가 냉담하고 자기충족적인 나르시시스트 여성이다. 이 여성들을 마주할 때 남성 분석가에게 진정한 의미의 '여성의 수수께끼', 즉 파헤치고 "꿰뚫어 보고", "탈취해" 가기 힘든 수수께끼가 시작된다. 그들은 남성 분석자에게 협력해 그의 관점에서의 건강한 사회인과 시민이 되기를 거부하기 때문이다. 코프만은 이러한 나르시시스트 여성이 지닌 매혹적 독립성과 무관심을 찬양하며, 나르시시스트 여성을 니체적 의미에서 실존의 한 유형으로 정립하고자 한다. 이는 병리학적 관점에서 대상애가 불가능한 여성의 미성숙함을 지적하는 프로이트의 입장에 정면으로 도전장을 내는 것이기도 하다.

"나르시시즘 서론"에서 프로이트는 남성과 여성의 성적 대상 선택에 중대한 차이가 있다고 보았다. 남성의 사랑은 성적 대상에 대한 과대평가라는 특징을 띤다. 남성이 유아기 때 가졌던 근원적 나르시시즘은 성장하면서 성적 대상에 전이된다. 따라서 남성의 리비도는 사랑과 열정의 대상에 집중되어 자아가 빈약해지는 결과를 불러일으킨다. 한편 여성은 사춘기를 거치면서 유아기 때 가졌던 원초적 나르시시즘이 강화된다. 여성들이 열정을 가지고 사랑하는 것은 그들 자신이라는 점에서 여성들의 대상 선택 유형은 나르시시즘적이다. 따라서 여성들의 욕구는 대상을 사랑하는 것보다 남자들에 의해 사랑받는 것을 더 필요로 한다.

코프만은 "나르시시즘 서론"에서부터 시작된, 프로이트의 이론에 내재한 여성폄하적 관점을 파헤친다. 코프만에 따르면 프로이트는 여성이 나르시시즘적이라고 말함으로써 여성이 타자를 사랑할 수 없음을 강조하며, 사랑받고자 하는 여성의 요구가 근원적인 나르시시스트적 상처이자 남근선망을 반영하는 것임을 밝혀내려 한다. 사랑받기를 욕망하는 것은 결여의 표시다. 항상 깨어지지 않고 상처받지 않는 남성만이 타자를 위해 자신의 나르시시즘에서 벗어날 수 있다. 여기서 여성의 신체적 허영심은 "남근선망의 결과"로 기술된다. 여성의 건방진 "허영심"은 여성의 해부학적 기관이 지닌 근원적 결함의 신호이자 이면이며, 아름다움은 "자연적인" 상처에 대한 자연적인 보상으로 간주된다(Kofman, 1994: 235). 이에 따르면 아름다운 여성은 남근에 매우 고착되어 있으며, 남근의 결여는 계속 그녀를 부정적으로 규정한다.

코프만은 여성을 결함과 결여의 결과로 보는 프로이트의 관점을 넘어서서 여성의 나르시시즘의 긍정적 힘을 부각하고자 한다. 따라서 코프만은 여성이 수수께끼가 되는 것은 타고난 결함이나 어떤 결여 때문이 아니라 여성의 나르시시스트적인 자기충족성과 냉담함 때문이라고 본다. 그것들로 인해 여성은 남성의 남근을 선망하지 않을 것이며, 오히려 남성이 붙잡을 수 없는 리비도로 휩싸인 여성의 위치를 선망할 것이다. 여성이 매혹적인 이유는 남성이 잃어버린 것, 즉 그가 영원한 노스탤지어로 떠올리는 근원적 나르시시즘을 간직할 줄 알기 때문이다. 다시 말해 남성은 나르시시스트 여성을 유년기의 잃어버린 파라다이스로서 선망하고 추구하지만 결국 불행에 빠지게 된다. 이러한 여성들은 자기 자신만을 사랑하고 자기 자신만으로 충분하며, 사랑하는 남성을 불만족스러운 상태에 빠뜨리기 때문이다. 그들은 항상 "수수께끼 같은 신중함"을 간직하며, 남성들을 매혹한다. 남성들이 그들을 선망하는 이유는 그들이 나르시시즘을 통해 공포스러운 접근 불가능성, 독립성, 무관심을 지니고, 자기 자신을 높이 평가해 그들을 깎아내릴 수 있는 모든 것과 거리를 유지하기 때문이다.

나르시시즘 여성 해석: 니체 대 프로이트

이러한 여성들은 고양이, 맹수, 어린아이, 중죄인, 익살꾼 등 니체적인 함의를 나분히 포함하는 여러 비유를 통해 설명될 수 있다. 니체의 다양한 텍스트에서 여성은 고양이에 비유된다. 이는 고양이가 독립적인 동물이며, 인간을 염려하지 않으며, 본질적으로 긍정적이며, 호랑이나 표범처럼 디오니소스적인 동물이기 때문이다.

또한 여성은 니체적 맥락에서 중죄인에 비유될 수 있다. 코프만에 따르면 본래 도스토옙스키적인 중죄인은 진정 자유로운 정신의 모델이고, "아무것도 참되지 않으며, 모든 것이 허용되어 있다"는 궁극적 비밀을 알 수 있는 자의 모델이다. 즉 중죄인은 진리라는 믿음을 의문시하는 자이며, 결과적으로 나르시시즘을 지닌 자로서 자기를 깎아내리는 모든 것으로부터 거리를 유지하는 자다. 초극되어야 할 그 무엇인 그의 자아는 사람들에 대한 큰 경멸을 담고 있다(니체, 1992: 228). 니체적 관점에서 여성만큼 회의적인 것은 없으며, 회의주의는 그녀의 철학이라는 점에서 여성은 중죄인과 마찬가지로 간주된다. "그녀는 진리를 원하지 않는다. 진리는 여성에게 가장 낯선 것이고 불쾌감을 준다."(Kofman, 1994: 59)

익살꾼의 비유도 중죄인의 비유와 공통적인 면이 있다. 익살꾼은 자신의 자아를 초극할 수 있고, 그를 깎아내리는 모든 것으로부터 거리를 유지할 수 있으며, 두려움과 큰 공포를 잠식한다. 유머는 자아를 해방하고 고양하는 경향이 있기 때문이다.

그러나 코프만은 이처럼 여성을 드높이는 니체의 비유가 프로이트에 의해 여성을 깎아내리는 경멸적 의미에서 재평가·재해석되고 있음에 주목한다. 프로이트가 나르시시스트 여성을 고양이, 맹수, 어린아이, 중죄인, 익살꾼에 빗대어 묘사할 때 니체에게 이 비유가 함의하던 긍정적 인간 유형은 그 빛을 잃어버리고 만다. 이러한 관점에서 여성이 아이라면 이는 여성이 자신의 '이기주의'를 넘어설 수 없기 때문이며, 동물과 같이 단지 스스로 충족하는 것을 추구하기 때문이며, 자신의 '무도덕성' 탓에 타자에 대한 모든 사랑과 남자에게 양육자 어머니의 역할을 하는 뒷받침해 주는 사랑을 거부하기 때문이다.

"나르시시즘 서론"에서 프로이트는 끊임없이 대상에 대한 사랑과 나르시시스트적 사랑을 대립시킨다. 그럼에도 이원론으로 열려 있는 진술들의 저편에서 프로이트의 텍스트는 대상적 사랑을 나르시시스트적 사랑으로 환원하는 경향이 있다. 대상애는 근원적인 나르시시즘의 단순한 전이이고, 대상을 향한 성적 과대평가는 자기 자신에 대한 과대평가를 단순히 이전시킨 것이자 진실로 나르시시스트적 흔적이기 때문이다. 이처럼 나르시시즘이 대상애와 모든 욕망의 기서에 있음에도 프로이트는 그것을 긍정적 방식으로 단언하지 않았다. 그렇게 하면 모든 사랑에 깊숙하게 내재한 "비도덕적인" 성격을 인정하게 되기 때문이다. 따라서 프로이트는 아이러니하게도 "우리" 남자들은 여자들의 손때 묻지 않은 나르시시즘을 선망한다고 말한 후, 자기 자신이 여자들에게 너무 매혹되지는 않았는지 공포에 떨면서, 여자들의 애정 생활에 도덕적 유죄 판결을 내려 버린다(Kofman, 1994: 61).

그리고 마침내 프로이트는 나르시시즘 여성들을 충만한 대상애로 이끌 수 있는 구원의 길을 제시하는데, 바로 "임신이라는 길"이다. 그러나 그들의 임신은 남근선망의 결과로 여겨지지 않는다. 나르시시즘 여성은 부러워하지 않기 때문이다. "그들[나르시시즘 여성]이 아이를 낳게 되면 자신의 신체 일부가 낯선 외부의 대상으로 여겨지며, 따라서 자신의 나르시시즘에서 출발해 자신이 낳은 아기에게 온전한 대상애를 다 쏟아부을 수 있을 것이다."(프로이트, 2008: 67) 이처럼 프로이트는 여성이 임신을 통해 타자가 그녀 자신의 자아의 일부가 되거나 그녀가 예전에 그녀 자신이었음을 나타내는 한, 자기 자신과 다른 타자를 사랑할 수 있다고 주장한다. 이로써 도덕적·사회적 규범에 적합한, 건강하다고 여겨지는 대상애로의 길로 여성을 이끈다.

프로이트의 단죄

코프만은 프로이트의 "나르시시즘 서론"이 열어젖힌 길이 나르시시스트 여성이 지니는 냉담함, 해독 불가능성, 남성과의 공모에 대한 거부를 파헤치기 때문에 남성에게는 고통스러운 길이라고 해석한다. 이 고통을 줄이기 위해 프로이트는 여성이 자신의 비밀을 모두 간과하거나, 분석치료자에게 협력하겠다고 결심하거나, 자신이 "아프기" 때문에 자신이 "낫기" 위해서는 남자가 필요하다고 확신하게끔 하는 장치를 마련한다(Kofman, 1994: 72). 이러한 공모 과정에서 남성 정신분석학자는 중죄인을 취조하는 수사관 혹은 예심판사의 역할을 담당하게 된다. 범죄 수사와 정신분석학자 모두에게 관건은 은폐된 자료와 어떤 "비밀"을 발견하고 고백하게 하는 것이다.

코프만은 프로이트의 강연 "여성성"을 "남성은 결코 여성의 수수께끼를 풀 수 없다는 그의 필수적이지만 파괴적인 통찰력에 대한 방어"로 해석한다(Moi, 1987: 11). 이러한 무력감 속에서 프로이트는 어떤 지식이나 해결책을 제시하는 대신 여성이 아니라 남성에게만 즐거운 거짓 해결책으로 문제를 덮어 버린다. 그러한 거짓 해결책 중 하나가 여성을 부동의 위치에 고정하는 남근선망이라는 유명한 '고정관념'이다. 그것은 여성의 수수께끼에 직면했을 때 프로이트가 느낀 어려움과 당혹감 그리고 결국 그에게 사변적 답변만을 가져온 물음의 심연에 접근할 때의 지연 과정을 드러낸다. 이 사변적 답변은 프로이트가 여성과 어머니의 성에 직면했을 때 그것을 덮고 정면으로 바라보지 못하도록 한 가리개용 해결책일 뿐이다. 이는 접근하기 힘들고 공포감을 주며 수수께끼 같아서 남성들의 눈에 "죄인(criminelle)"으로 비치는 여성의 아토포스적 성격, 그 불안정성, 변덕스러움을 제어하기 위한 것이다.

코프만은 프로이트가 여성 특히 나르시시즘에 빠진 여성을 "중죄인" 취급하면서도 이 여성에 매혹되고 대경실색했음을 면밀하게 관찰한다. 코프만에 따르면 남근선망 '이론'은 공포에 찬 반응이며, 몽환적 유형의 허구다. 그리고 이 허구는 너무 매혹적이기에 참을 수 없는 중죄인인 여성을 쉽게 조종하고 제어할 수 있는 히스테리 환자로 개조하기 위해 만들어진 것이다. 프로이트가 조사 과정에서 이러한 여성들을 히스테리 환자로 변형한 것과 마찬가지로 역사 속에서 대부분의 여성이 남성의 효과적인 공모자였다. 예컨대 대부분의 어머니는 자신의 아들을 영웅이나 위대한 사람으로 만들고자 하거나 죽음을 무릅쓰고 아들이 저지르는 범죄의 공모자가 되었다. 이들은 가부장제하에서 남성과의 공모를 도모하고 비밀을 고백하는 '히스테리 환자'들이다. 다시 말해 이 사회에서 '정상적'이라고 여겨지는 여자들은 모두 히스테리 환자와 다름없다(Kofman, 1994: 72).

참고문헌

유서연(2014). “아우슈비츠를 넘어 디오니소스적 여성에로: 사라 코프만”. ≪여/성이론≫, 31(겨울호), 162-187쪽.

지크문트 프로이트 지음, 윤희기·박찬부 옮김(2008). “나르시시즘 서론”. ≪정신분석학의 근본 개념≫. 열린책들.

프리드리히 니체 지음, 정석해 외 옮김(1992). “자라투스트라는 이렇게 말했다”. ≪시간과 자유의지/자라투스트라는 이렇게 말했다≫. 삼성출판사.

Kofman, S.(1994). *L'énigme de la femme: La femme dans les textes de Freud*(3e édition). Paris: Éditions Galilée.

Moi, T.(1987). Introduction. *French Feminist Thought: A Reader*, pp. 1-13. Oxford, UK: Blackwell.

09

여성성과 양성성

프로이트의 강연 "여성성"은 해부학적으로나 심리학적으로 여성성을 성의 이분법으로 결정되기 힘든 양성성으로 본다는 점에서 급진적이다. 그러나 프로이트는 양성적 경향을 지닌 여아가 남근선망을 통해 이성애적이며 정상적인 여성성을 획득한다고 주장하며 결국 남근중심적 담론을 반복한다. 반면 코프만은 이성애는 사회적 규범일 뿐이며 순수한 이성애란 존재하지 않는다고 본다. 이로써 경계를 교환하며 완전한 양성적 기능을 복구하는 새로운 정상성의 모델을 제시한다.

프로이트의 전략적 무기: 양성성

전 오이디푸스 단계의 발견이라는 프로이트의 혁명적 발견과 함께 가상 강연 "여성성"이 지니는 급진적이고 독특한 점은 그가 해부학적으로나 심리학적으로 여성과 남성의 섹슈얼리티 양자에서 양성적 특징이 나타난다고 주장한 데 있다.

프로이트는 해부학적으로 볼 때 여성의 신체에도 남성적 성 기관의 부분이 퇴화된 형태이기는 하지만 존재하며, 그 역도 마찬가지라고 주장한다. 또한 프로이트에 따르면 과학은 "양성이 존재할 가능성"을 보며, "어떤 존재가 남자도 여자도 아니고 언제나 그 둘의 성을 다 지니고 있으면서 그중에서 어느 한 성의 특징이 다른 성의 특징보다 더 많은 경우"로서 양성구유적인 인터섹스의 존재를 인정한다. 따라서 프로이트는 "아주 극단적인 경우를 제외하고 한 사람에게는 오직 한 가지 성의 산물(난자 혹은 정충)이 존재한다는 사실로부터 이러한 요소가 결정적인 의미를 갖고 있다고 잘못 판단하게" 되는 경우를 경계해야 한다고 보며(프로이트, 2008: 153), 극단적인 성의 이분법을 벗어나는 듯한 제스처를 취한다.

아울러 프로이트는 심리학 측면에서 남성적인 것을 '적

극적'인 것으로, 여성적인 것을 '수동적'인 것으로 구분하는 것이 합당한지 묻는다. 그에 대한 반례로 동물계에서 암컷이 수컷보다 더 강하고 공격적인 경우와, 어머니가 모든 의미에서 아이에 대해 적극적 면모를 보인다는 점을 제시한다. 이러한 맥락에서 프로이트는 여성성을 단지 "심리적으로 수동적 목표를 선호하는 것으로 특징지을 수 있"으며, 그 특징은 "여성을 똑같이 수동적 상황으로 몰아넣는 사회적 질서의 영향"에 기인한다고 주장한다. 즉 공격성을 억압하는 상황에서 구조적으로 규정되어 있고 사회적으로 부과된 것으로서 여성의 수동성과 마조히즘적 경향이 형성된다는 것이다.

이처럼 프로이트는 양성성으로서 여성성 문제는 해부학적·심리학적 측면에서 성의 이분법으로 결정되기 힘든 문제며, 여성이란 무엇인가에 대한 묘사는 정신분석학으로도 거의 풀 수 없는 난제이기 때문에 그보다는 "어떻게 하여 그렇게 되는가, 양성적인 소질이 주어진 한 어린아이에서 어떻게 하여 여자로 발전되어 나가는가를 연구하는 것이 정신분석학의 특성에 맞는 일"이라고 주장한다(프로이트, 2008: 156). 그러나 '순수한 여성성'과 '순수한 남성성'은 순전히 이론적인 구성이며 이러한 사변적 구성의 내용은 불확실하다(Kofman, 1994: 13)는 프로이트의 급진적 주장은 이어지는 문장에서 그 빛이 퇴색되고 만다. 프로이트가 뛰어난 여성 동료들이 분석 작업 속에서 그 문제에 대답하기 위해 노력한 덕분에 몇 가지 사실을 알게 되었다며, 여성 정신분석학자들의 공로를 인정하는 동시에 그들을 조롱하기 시작했기 때문이다.

> 양성 간의 차이로 인하여 그에 대한 논의는 아주 특별한 흥미를 불러일으키게 되었는데, 왜냐하면 그 둘을 비교한 결과 자신들의 성에 불리한 결과가 나오게 될 때마다 우리의 여성들은, 여성에 대한 뿌리 깊은 편견을 극복하지 못했음에 틀림없는 남성인 우리 분석가들이 그 편향성 때문에 우리의 연구를 망쳐 버렸을지도 모른다는 의심을 나타내곤 했습니다. 양성적인 토대 위에서는 그와는 달리 이러한 예외에서 벗어나는 상황을 손쉽게 모면할 수 있었습니다. 우리는 단지 이렇게 말하기만 하면 되었던 것입니다. "이것은 당신한테는 적용이 안 됩니다. 당신은 예외라고 할 수 있습니다. 이 점에서 당신은 여성적이라기보다는 오히려 남성적입니다" 등등.(프로이트, 2008: 156-157)

이러한 맥락에서 코프만은 ≪여성의 수수께끼≫ 1부 1장 "성의 전쟁(La guerre des sexes)"에서 양성성에 대한 프로이트의 주장이 그를 반페미니즘적이라고 비난하던 당대 여성 정신분석학자에 맞서는 방어기제로 사용되었다고 본다. 코프만에 따르면 다소 히스테릭한 이들 '페미니스트'는 여성적이기보다는 남성적이라는 프로이트의 평가와 이는 곧 동성애적이라는 그의 암시는 프로이트가 여성과 남성을 불문하고 모든 인간에게 유효한 양성성의 주장을 페미니스트에 대한 전략적 무기로 사용하면서 결국 가장 전통적인 남성우월주의적 담론을 반복하는 방식을 보여 준다. 그리고 코프만은 프로이트가 "그 자신의 여성성, 그의 편집증에 대한 조용한 거부를 은폐하기 위해 양성성이라는 보편성을 주장했던 것"으로 보인다고 말한다 (Kofman, 1994: 15).

여성의 양성성의 복원

프로이트는 여성의 섹슈얼리티라는 수수께끼의 실마리가 여성의 근원적 양성성에 있다고 보고, 어떻게 양성적 경향을 지닌 여아가 여성이 되는지를 연구하고자 했다. 프로이트는 전 오이디푸스 단계에 여아가 어머니에게 보이는 강렬한 애착 관계가 필연적으로 단절되고, 여아가 사랑의 대상을 아버지로 전이함으로써 정상적으로 여자가 된다고 주장한다. 소녀가 아버지를 향해 갖는 소원은 남근에 대한 선망이다. 남근선망이 아이를 향한 선망으로 대체되면서 비로소 여자다운 분위기가 형성된다. 이런 맥락에서 아이는 상징적인 등가물로서 남근의 자리를 대신하게 된다. 프로이트는 남근을 갖고 싶어 하고 남성이고 싶어 하는 여아의 소원이 완결된 여성성으로 나아가는 지름길이며, 이러한 남근선망 자체를 "근본적인 여성성"으로 인식해야 한다고 주장한다.

프로이트에 따르면 여아는 정상적인 여성성에로의 길로 나아가지 못하는 경우 여성의 숙명을 받아들이지 않는 신경증과 동성애라는 길로 접어들 수 있다. 히스테리적 신경증은 정상적인 성인 여성을 탄생시키기 위해 여성이 갖는 남성적 성욕을 제거하는 억압적 과정에서 발생한다. 따라서 그것은 여아의 양성성이 정상적인 여성성에로 수렴하는 발달 과정에서 일어나는 일종의 사고와 같다. 프로이트는 여성 히스테리 환자가 자위 행위자와 같은 표정과 상황을 연출한다는 것을 지적하며, 이처럼 남성적인 역할과 여성적인 역할을 동시에 연기하는 히스테리 환자를 조롱했다. 이러한 프로이트의 태도에서 코프만은 프로이트가 수립한 양성성에 관한 테제가 양날의 검인 까닭을 확인한다.

즉 프로이트는 순수한 남성성과 순수한 여성성이 이론적 구성물에 지나지 않는다고 말하며 양자 사이의 대립을 해소하는 듯하지만, 결국 남성적인 것을 전통적 특권 속에서 유지했다. 이러한 맥락에서 프로이트에게 성인 여성의 양성성은 비정상적 병리 현상이며, 그가 제시한 규범적 정상성은 다른 하나의 성감대를 위해 하나의 성감대를 완전히 포기하는 단성성(unisexulaité)이다. 프로이트에게 여성의 양성성은 신경증에 걸린 여성들의 경향의 조건이 된다. 반면 남성은 히스테리에 덜 노출되는데, 남성의 양성성이 여성의 양성성에 비해 덜 나타나기 때문이다.

이 지점에서 코프만은 프로이트의 이론에 비판적으로 개입하고 그것을 전복한다. 사실 정상은 양성성이며, 이는 이중적 쾌락을 모두 향유할 수 있음을 의미한다고 주장한다. 여아가 성인 여성으로 발달해 가는 과정에서 클리토리스라는 한 성감대에서 질이라는 다른 성감대로의 이행이 일어날 수는 있으나, 이는 히스테리 환자들처럼 클리토리스의 성욕을 완전하게 억누르는 것이 아니라 그것이 질의 성욕에로 단순히 복속됨을 의미한다. 즉 그것은 다른 성감대를 위해 한 성감대를 없애는 것이 아니며, 단성성을 위해 양성성을 파괴하는 것도 아니다.

프로이트에게 양성애는 병적으로 여겨지는 동성애와

정상적인 것으로 여겨지는 이성애의 경계에 있다. 그러나 코프만의 관점에서 남녀 모두에게 자연스러운 양성애 대신 이성애를 택할 때, 이성애는 동성애만큼 문제적일 수 있다. '순수한' 이성애자는 동성애자만큼이나 아프다. 여성 정신분석학자는 이성애는 사회의 규범일 뿐 심리적 규범은 될 수 없으며, 순수한 이성애란 존재하지 않음을 알게 된다. 정상적이라고 불리는 개인은 항상 이성애 옆에 있는 다소 무의식적이고 잠재적이며 "매우 주목할 만한 비율"에 따른 동성애를 드러낸다. 이처럼 동성애는 "특별한 기질이라는 계기 속에서 자연이 창조하는" 제3의 유형이 아니며, 여성과 남성 역시 대립되는 두 가지 유형이 아니다 (Kofman, 1994: 142).

이러한 조건에서 코프만은 새로운 정상성 모델을 제시한다. 코프만에 따르면 동성애자가 '치유된다'는 것은 이성애자가 되는 것이 아니라 경계(limite)를 교환하는 것이며, 완전한 양성적 기능을 복구하는 것이다. 이러한 맥락에서 여성 정신분석학자의 임무는 남성과 여성 모두가 간직했으나 잃어버린 악마처럼 이중적 방식으로 향유하는 힘을 복원하는 것이다. 이는 타자에 의해 느껴지는 쾌락의 성에 대해 단성성과 욕구불만(frustration)을 규범으로 제시하려 하는, 사회적 도덕이 부여한 경계 짓기(limitations)

를 넘어서는 것이다.

여성의 경시화, 시체화

가상 강연 "여성성"의 마지막 부분에서 프로이트는 유쾌하지 못한 특징들을 지닌 여성들을 제압하고, 특히 문화적 관점에서 여성들을 열등하게 만드는 모든 것을 강조한다. 프로이트는 남근선망이라는 명목하에 그가 "과학적으로" 보증하는 모든 남성적 편견을 정당화한다. 이에 따르면 여성들의 정신생활에서는 시기심이 상당 부분을 차지하기 때문에 여성들에게는 공정성에 대한 사고가 부족하다. 또한 여성은 남성에 비해 취약한 사회적 이해를 지니며, 남성보다 충동(pulsion)을 승화하는 능력이 약하다. 그러나 코프만은 여성이 충동을 승화하는 능력이 약하다는 점이 프로이트가 강연 "여성성"의 말미에서 제시한 것과는 달리 여성의 자연적인 열등함이 아니라 교육의 결과라고 본다. 여성들은 승화에 대해 교육받지 못하는 반면, 남성들만이 충동을 승화하며 점점 더 어려워지는 과업을 수행하고, 가족이라는 '닫힌 사회'에서 인류라는 '열린 사회'로 이동하는 문명에 의해 강제되며, 문명을 위해 일하도록 교육받는다.

프로이트는 "여성성"에서 여성의 사회적 열등성, 승화에 대한 "소질"의 부족을 본질적이고 지울 수 없는 열등성으로 선언하고, 자연적이고 지울 수 없는 성격적 특성으로 간주한다. 이로써 프로이트는 고정관념에 사로잡혀 여성을 부동화하고 진정한 굴레로서의 "자연" 안에 여성을 유폐했다. 아울러 항상 젊고 끝나지 않으며, 항상 변화될 수 있고 개선될 수 있는 남성의 유연성과 반대되는 30세 이상의 여성의 고정성과 변화 불가능성을 드러냈다. "여성성" 강연은 다음과 같이 "여성에 대한 사형 선고"를 선포하는 대목에서 끝난다(Kofman, 1994: 247).

> 30세 정도의 나이를 가진 남자는 대부분 청년처럼 보이며, 분석 작업이 그에게 열어 보여 주는 완성되지 않은 개인의 모습을 보여 줍니다. 그러나 그와 비슷한 연령대의 여자들은 그녀들이 보여 주는 심리적 경직성과 불변성으로 인해 종종 우리들을 몹시 놀라게 합니다. 그녀들의 리비도는 결정적인 자리를 차지하고 앉아 다른 데를 향해서 그 자리를 떠날 수 없다는 듯이 완강한 자세를 보입니다. 계속적인 발전을 위한 길들은 없어 보입니다. 모든 과정이 이미 다 끝난 듯이 보이며 이제부터는 그 어느 것으로부터도 영향을 받지 않을 듯한 태도입니다. 마치 여성성으로 발전하는 그 힘든 과정이 그

사람의 모든 가능성을 소진시켜 버린 것처럼 더는 아무런 힘도 남아 있지 않은 듯이 보입니다.(프로이트, 2008: 181)

코프만은 공포에 사로잡히고 대경실색한 정신분석학자가 자신이 막 만들어 놓은 이 시체, 서른 살의 여자라는 부동의 바위 앞에서 마치 죽음 그 자체를 대면이라도 한 듯이 뒷걸음질 치는 아이러니한 광경을 묘사한다. 이 나이부터의 여자들에 관해 정신분석학은 시선을 돌릴 뿐이다. 여성에게 정신분석학은 시체화하기 위해서 작용할 뿐이다. 코프만에 따르면 여성을 시체화하는 것은 끝없이 그녀의 수수께끼 같고 아토포스적인 여성의 성격을 통제하고, 불안정성과 이동성 자체를 결정적이고 부동적인 위치로 고정하려 하는 것이다. 시체 같은 딱딱함은 여성의 "남성성"을 억압하는 데 쓰이기 때문이다. 이는 성숙기에 이른 여성, 서른 살의 여성은 죽음의 대가를 치러야만 완전한 여성이 될 수 있음을 의미한다. 프로이트의 짧은 가상 강연 "여성성"에 대한 기나긴 고찰인 코프만의 ≪여성의 수수께끼≫는 다음과 같은 단 한 문장으로 그 여정을 마무리한다.

"여성에 관해서, 너는 결코 그 이름을 헛되이 부르지 않을 것이다."(Kofman, 1994: 250)

참고문헌

유서연(2014). "아우슈비츠를 넘어 디오니소스적 여성에로: 사라 코프만". ≪여/성이론≫, 31(겨울호), 162-187쪽.

지크문트 프로이트 지음, 임홍빈·홍혜경 옮김(2008). "여성성". ≪새로운 정신분석 강의≫. 열린책들.

Kofman, S.(1994). *L'énigme de la femme: La femme dans les textes de Freud*(3e édition). Paris: Éditions Galilée.

10
경유하는 성차

코프만과 이리가레는 프로이트의 남근중심주의에 대한 상호 보완적 비판을 제공하지만, 남근중심주의가 은폐해 온 여성적인 것을 복원하고 성차를 재구성하는 이리가레와 달리 코프만은 프로이트 이론의 복잡성에 주목하면서 해체주의적 프로이트를 제시한다. 코프만은 프로이트에게서 성의 이분법이 희미해지는 지점을 긍정적으로 포착하면서 고정된 성차 대신 다양한 성적 위치 설정과 경유하는 통로로서의 성차를 제시한다.

이리가레와 코프만

도이셔는 코프만이 ≪여성의 수수께끼≫에서 자신과 이리가레가 프로이트의 남근중심주의에 대한 상호 보완적 해석을 제공한다는 점을 인정한다고 보며 다음과 같은 ≪여성의 수수께끼≫의 한 문장을 인용한다. "뤼스 이리가레는 이 텍스트["여성성"]의 남근주의적(phallocratique) 성격에 처음으로 주목했다. 우리는 프로이트적 접근의 복잡성을 강조하는 또 다른 해석을 제시하면서 비슷한 결론에 도달할 것이다."(Kofman, 1994: 109) 그러나 도이셔는 코프만과 이리가레의 프로이트 해석이 남근중심주의 비판이라는 접점뿐 아니라 갈리는 지점도 있음에 주목한다.

일단 이리가레와 코프만의 프로이트 해석에는 상당한 유사점이 있다. 두 사람 모두 성차와 여성성에 대한 프로이트의 설명이 텍스트적 불안정성, 모순, 불일치 그리고 맹점으로 가득 차 있다고 주장한다. 두 사람 모두 다양한 아이러니를 포착해 프로이트를 소파에 앉히고 어머니를 직접 바라보는 것에 대한 그의 공포를 파악하거나, 프로이트 자신의 페티시즘적 해결책으로서 남근선망 이론을 분석한다(Deutscher, 2000: 158).

이러한 유사점에도 불구하고 코프만은 이리가레가 프

로이트 연구의 복잡성을 과소평가한다고 본다. 이 지점에서 두 여성 철학자는 엇갈리기 시작한다. 도이셔에 따르면 코프만은 이리가레가 "프로이트를 잘못 해석하고, 그의 연구를 단순화하며, 그의 논증 질서를 뒤엎고, 프로이트를 오도하는 방식으로 인용하며, 자신의 주장을 강화하는 부분만 선택적으로 인용하고, 그렇지 않은 부분은 은폐한다"고 주장한다(Deutscher, 2000: 156). 프로이트의 이론이 지닌 복잡성은 여성혐오적 측면이나 여성공포증에도 불구하고 프로이트가 성취한, 어머니에 대한 여아의 사랑과 애착을 보여 주는 전 오이디푸스 단계의 혁명적 발견이나 여성성에 내재한 주요 특성이 양성성이라는 발견에서 나온다.

게다가 코프만은 이리가레가 주장하는 것처럼 프로이트가 "남자들끼리만" 이야기하기 위해 여성들을 처음부터 배제했다고 보지 않으며, 프로이트 자신이 "반페미니스트라는 오명을 벗기 위해 여성 정신분석가들과 공모"했음을 관찰한다(Kofman, 1994: 112). 비록 프로이트가 여성의 양성성에 대한 주장을 페미니스트들에 대한 전략적 무기로 사용하기는 했지만, 그러한 전략을 위해서라도 여성을 배제하지 않았다는 것이다. 이는 ≪여성의 수수께끼≫에서 프로이트에 대한 코프만의 다음과 같은 발언을 들여다보면 더욱 명확해질 것이다.

"여성"을 배제한다는 것은 그들이 순전히 남성과 정반대임을 인정하는 것인 반면, 이 강연 전체는 양성성을 긍정함으로써 이러한 대립을 지우는 것을 목표로 하고 있는데, 양성성은 남성들이 "여성의 수수께끼"라고 부르는 모든 것을 수수께끼로 만들 것이다. "우리 남성들이 여성의 수수께끼라고 부르는 것은 아마도 여성의 삶에 내재된 양성성에서 비롯된 것일 수 있다."(Kofman, 1994: 112-113)

이러한 관점에서 코프만은 이리가레가 ≪반사경≫에서 타자로서의 여성이 남성적 주체의 과정을 재활성화하기 위해 요구된 역, 반대, 모순으로 규정된다고 보는 것은 프로이트의 여성성에 대한 논의를 단순화하고 축소하는 것이라고 암시한다. "텍스트 어디에도 이리가레의 해석을 정당화하는 내용은 없다.… 심지어 (실제로는 그렇지 않지만) 프로이트가 여성의 수수께끼에 관해 '남성들 사이에서' 이야기하고 싶어 했다고 가정하더라도 그를 '형이상학자'로 비난하기에는 충분하지 않을 것이다. 우리는 이 행위를 실제로 니체적인 의미로 해석할 수 있을 것이다."(Kofman, 1994: 113) 즉 코프만은 여성으로 표상되는 진리란 없다는 프로이트에 대한 니체적 해석을 통해 ≪예술의 유년기≫부터 ≪여성의 수수께끼≫에 이르기까지 형이상학을 해체하는 측면에서 프로이트를 해석한다. 이러한 프로이트 해석에 근거해 코프만은 본질적인 여성성이나 성차를 인정하지 않으며, 따라서 이리가레와 코프만의 남근중심주의 해체 기획과 성차·여성성을 둘러싼 논점들은 교차점에서부터 갈리게 된다.

이리가레의 기획은 여성을 남성의 반대나 역으로서 타자로 간주하는 남근중심주의를 완전히 해체하고 전복하면서 "남성적 동일성으로 환원될 수 없는 진정한 의미의 성차"를 복권하고 재구성해 새로운 "상징질서를 구축"하려 한다(황주영, 2017: 22). 엘리자베스 그로스(Elizabeth Grosz)에 따르면 "프로이트가 남성의 자기반성적 표상 속에서 여성을 억제하는 것과 반대로 … 이리가레는 정신분석학에 대한 페미니즘적 해체를 시작한다. 그의 기획은 여성을 남성의 타자로 보는 남근중심적 억압을 해소하고, 여성의 특수성이 자율적 관점에서 담론에 중요한 부분이 되도록 하는 수단을 만드는 것이다"(Grosz, 1989: 109).

반면 코프만의 기획은 남근중심주의가 은폐해 온 여성적인 것을 복원하거나 성차를 재구성하는 일을 지향하지 않는다. 코프만은 "철학사 텍스트에 나타난 남성의 자기반성적 표상 속에서 여성의 억압을 분석하는 이론가"이지만, 그 표상을 무효로 만들려고 시도하지는 않는다(Deutscher,

2000: 160). 그보다 남근중심적 철학자들과의 동일시와 모방을 통한 코프만의 이단적 해체 기획의 핵심에서는 독창적이고 비판적인 개입을 통한 '다르게 읽기'가 이루어진다. 이러한 개입 속에서 코프만은 성차를 이리가레나 데리다 같은 철학자들의 방식과는 다르게 해석한다.

성적 위치 설정

그렇다면 코프만은 성차(différence sexuelle)를 어떻게 바라보는가? 코프만은 여성 고유의 특성을 강조하는 이리가레의 기획 그리고 여성의 성차화된 몸과 성적 특질에 밀접하게 연관된 '여성적 글쓰기'를 비판적으로 바라보며, 이는 페미니즘의 잘못된 발의라고 주장한다. 여성의 고유한 특성은 "남성들이 항상 남성의 더 큰 이익을 위해 여성을 가두기를 원했던 것"에서 정확하게 발견되기 때문이다 (Deutscher, 2021: 121). 한편 데리다는 성차를 가장 일반화되고 궁극적으로 가장 덧없는 극단에서 흔적, 문체(style), 박차(éperon) 또는 장르 속에 있는 것으로 생각한다 (Deutscher, 2021: 122). 코프만은 성차에 대한 데리다의 생각과 충분히 교류했지만, 이에 완전히 동조하지는 않았다.

그 대신 코프만은 성차에서 다른 잠재성을 찾아냈다. 고정된 위치(position)에서 더 유연하고 유동적인 "위치 설정(positionnement)"으로의 이동이라는 잠재성이 그것이다.

그러나 이는 코프만이 동료들이 철학사와 문학사에서 성차에 기울인 관심과 거리를 두었음을 의미하지는 않는다. ≪니체와 철학의 장면≫, ≪카메라 옵스큐라(Camera Obscura)≫, ≪여성의 수수께끼≫ 같은 코프만의 여러 텍스트에서 증명되듯 코프만이 성차에 대한 니체의 사유, 즉 여성과 진리 사이의 연관성(원초적인 진리는 존재하지 않으며, 여기에 그 어떤 여성의 진리도 포함되지 않는다는 주장)에 깊이 동조했다는 것은 자명한 사실이다. 데리다의 세미나 "생과 사(La vie la mort)"와 코프만의 ≪데리다 읽기≫ 양쪽 모두에서 언급되는 파르마콘(pharmakon), 파레르곤(parergon), 접목, 전파, 처녀막, 바우보(Baubo)의 모습은 철학적 지평에서 성차의 형태를 분석하는 것뿐 아니라 이러한 분석의 기초가 되는 진리, 차이, 텍스트, 성(sexe)에 대한 개념과 연계된 관심을 전제한다.

이리가레와 데리다가 제안한 성차의 사유에 대한 코프만의 가장 비판적인 반응이 프로이트와 그의 자료들을 사용하는 방식에서 나타난다는 점이 놀랍게 다가올 수 있다. 하지만 도이셔에 따르면 이는 코프만이 성차에 대한 자신의 질문을 프로이트와 니체 등 여러 철학자들이 정교하게 구축한 틀 안에 자신을 자리매김할 기회로 바꾸어 그들의 한계와 역량을 시험해 보고, 어느 정도 임시적인 방식으로 그들의 자리를 잠시 차지하는 방식이다(Deutscher, 2021: 123). 코프만이 이리가레의 작품에서 프로이트를 폄하하는 듯한 부분에 저항할 때 그러한 점이 더 투명하게 드러난다. 이리가레는 "마조히즘은 말 그대로 정말 여성적인 것이다"라는 발언을 완전한 프로이트의 입장으로 여기지만, 코프만은 여성성과 남성성의 경계가 모호한 지점에서 프로이트를 옹호한다.

> 또한 마조히스트 남성들도 많이 존재하기 때문에, 만약 마조히즘이 여성의 특성이라는 것을 인정한다면, 당신은 그 상황에서 벗어나기 위해 이 남성들이 여성적인 성격 특징을 지닌다고 선언해야만 하는데, 이는 순전히 선결문제 요구의 오류(pétition de principe)에 불과하다. 프로이트에게는 마조히스트 남성이 존재한다는 사실이 전혀 "불쾌"하지 않다! 마조히스트 남성이 수수께끼에 대한 해결책이라는 주장은 어떤 식으로든 프로이트와 "모순"되지 않으며, 남성성과 여성성의 경계를 다시 한번 모호하게 한다.(Kofman, 1994: 132)

도이셔는 여기서 코프만이 프로이트에게 부여된 입장을 확립하고 설명하고 차지할 때 코프만이 "성적 위치 설정(positionnement sexuelle)"이라고 분명히 말하는 더 정확한 가능성이 나타난다고 보며, 이것이 코프만이 선호하는 용어라고 주장한다. 최소한 이 용어는 남성 또는 여성으로 축소된 주체에 대한 반감을 표현하고, 단순히 '해부학적'이거나 '사회적'일 수 없는 성적 생성의 이론에 대한 코프만의 선호를 나타낸다. 또한 코프만이 이러한 범주들에 대한 사회의 의존과 성의 이분법에 대한 조장을 거부함을 드러낸다. 그리고 이러한 조장은 "우리 각자는 다양한 성적 위치 설정을 가지고 있다"라는 어김없는 반복구로 반박된다(Kofman, 1991: 105).

코프만은 인터뷰에서 다음과 같이 말한다. "프로이트에게 여성적 위치는 수동적 위치고, 남성적 위치는 능동적 위치다." 코프만이 프로이트로부터 그리고 프로이트 옆에서 구상하고 만든 부분은 이와 다르다. "하지만 여성도 능동적 위치를 가질 수 있"으며, 더 나아가 "여성은 모든 위치를 차지할 수 있다"(Kofman, 1998: 177-178). 이는 프로이트의 작품에서 도출되는 성차의 이분법을 모호하게 하는 지점이 어디인지 파악하는 데 이상적일 뿐 아니라, 글쓰기를 실천으로서 이해하는 데에도 이상적인 모델이다. 이 두

가지 의미에서 코프만은 "남성과 여성 모두가 전통적으로 한 성별에게만 허용되었던 분야에서 생산 활동을 할 수 있도록 하며, 이를 통해 성별 간 경계를 흐리게 하는 것이 중요하다"고 본다(Kofman, 1991: 109).

또한 성적 위치 설정 모델은 코프만이 다른 작가의 철학적 입장을 취한다는 사실에서 발견되는 철학적 잠재력을 반영한다. 이는 마치 페르소나나 가면을 쓰는 것처럼 다른 저자와 모방적 관계를 맺는 행위로 해석될 수 있다. 이러한 가능성은 코프만에게 고유한 방법론적 궤적이 되면서 성적 "위치"가 갖는 고정성과 구별되는 우연적인 성적 "위치 설정"과 연관된다. 이 두 가지 용어의 차이를 확립하면서 코프만은 "우리는 항상 다른 성별로서 글을 쓸 수 있다"고 말한다(Kofman, 1998: 186). 이러한 맥락에서 코프만은 자신이 여성으로서 글을 쓰는지, 자신이 남성인지 여성인지에 대한 질문에 답하며 이러한 양자택일의 지나치게 뚜렷한 성격에 반대하고 자신은 하나의 위치가 아니라 위치 설정이라는 용어를 선호함을 내비친다. 코프만은 "텍스트를 저자의 성적 위치 설정과 분리하는 것은 불가능"하며 합리적이고 체계적인 철학 작품에서도 마찬가지임을 환기하지만, 이는 결정론이나 고정성과는 연관이 없다. 성적 위치 설정의 중요성을 강조하는 것은 이동성과 다양성에 대한 강조를 내포하기 때문이다(Deutscher, 2021: 126-127).

경유하는 성차

코프만은 각 주체가 모성적 위치와 원초적 관계를 맺고 있으며, 이는 우리에게 일어나는 성적 호소라고 본다. 그러나 이로써 주체에게 귀결되는 것은 성적 정체성이 아니라 성적 움직임, 즉 시간이 지나면서 전개되는 성차와의 관계다. 그러므로 우리를 특징짓는 것은 정체성이 아니라 성차와의 관계 속에서 우리가 일주 항해하는 모습의 윤곽이다. 성차는 한 위치보다는 행동, 과정, 궤적의 의미를 지닌다. 코프만은 여성성이나 남성성의 원초적이고 진정한 의미를 이러저러한 주체에게 투사하는 것을 거부하고, 다른 방법론적 대안, 즉 주체가 진동하는 형태와 행위의 특징짓기를 제시한다. 이는 깊이나 가정된 숨겨진 의미보다는 그 모습(figure)에 관심을 두는 것이다.

성의 이분법에 대한 기대가 우리를 어떤 방식으로 검문하는지에 따라 발전할 수 있지만, 다양한 위치 설정은 이 이분법을 약화하기도 한다. 코프만이 심리적 양성애에 대한 프로이트의 사유에서 여성혐오적 요소를 제거하고 그 사유를 확대해 (남성이 여성성과 관련된 위치를 취할 수 있는 것과 마찬가지로) 여성이 일주 항해 과정을 통해 "남성적"이라고 불리는 위치를 취할 수 있다고 강조할 때, 그의 목적은 이분법에 대한 이론적 환원주의를 작동시키려는 것이 아니라 오히려 그 결과 우리가 차지할 수 있는 "모든 위치"를 강조하는 것이다. 이러한 맥락에서 성차는 정체성이 아니라 경유하는 통로(un passage, en transit)라는 의미에서의 운동이다(Deutscher, 2021: 128).

더 나아가 코프만이 인터뷰에서 계속 언급하는 '트랜스(trans)'에 대한 관심은 이리가레와 데리다의 성차와 코프만이 제시하는 성차의 변종(variantes)을 구별한다. 도이셔에 따르면 코프만의 작업이 "트랜스"의 여러 의미를 작동시키기 위해 이 위치를 통과하고 있다고 생각할 수 있다. "이제 정신분석학의 범주를 포함한 기존의 범주를 넘어 성의 문제를 완전히 재고해야 하며, 그 대신 예를 들어 트랜스섹슈얼리티에 대해 말해야 한다."(Kofman, 1991: 106)

참고문헌

황주영(2017). ≪뤼스 이리가레≫. 커뮤니케이션북스.

Derrida, J.(1978). *Éperons: Les styles de Nietzsche*. Paris: Flammarion. 김다은·황순희 옮김(1998). ≪에쁘롱: 니체의 문체들≫. 동문선.

Deutscher, P.(2000). Disappropriations: Luce Irigaray and Sarah Kofman. In Olkowski, D.(ed.). *Resistance, Flight, Creation*, pp. 155-178. Cornell University Press.

Deutscher, P.(2021). Le féminin, quel genre de question?: La différence sexuelle en transit. In Michaud, G. & Ullern, I.(eds.). *Sarah Kofman: philosopher autrement*, pp. 121-133. Paris: Hermann.

Grosz, E.(1989). *Sexual Subversions: Three French Feminists*. Boston: Allen and Unwin.

Kofman, S.(1991). Sarah Kofman(entretien avec Alice Jardine). In Jardine, A. A. & Menke, A. M.(eds.). *Shifting Scenes: Interviews on Women, Writing, and Politics in Post-68 France*. Orion, J.(trans.). New York: Columbia University Press.

Kofman, S.(1994). *L'énigme de la femme: La femme dans les textes de Freud*(3e édition). Paris: Éditions Galilée.

Kofman, S.(1998). Entretien avec Sarah Kofman. In Rodgers, C. *Le deuxième sexe de Simone de Beauvoir: Un héritage admiré et contesté*. Paris: L'Harmattan.

사라 코프만(Sarah Kofman, 1934~1994)

니체와 프로이트 전문가이자 그들을 비롯한 여러 사상가들의 작품을 해체주의적으로 재해석한 프랑스의 여성철학자, 자전적 전기 작가다. 1970년부터 파리1대학에서 강사로 재직했으며, 1991년 같은 대학에서 철학과 정교수가 되었다. 아우슈비츠 생존자로서 자신의 체험 속에서 항상 의식적으로 견지한 유대인성과 여성성은 프로이트와 니체 연구의 밑바탕이 되었고, 삶과 텍스트가 분리되지 않는 새로운 형태의 철학적 글쓰기인 자전적 전기의 자양분이 되었다. 프로이트와 니체에 관한 주요 작품으로는 ≪예술의 유년기≫(1970), ≪니체와 은유≫(1972), ≪여성의 수수께끼≫(1980) 등이 있다. 자전적 전기의 대표작으로는 ≪숨 막히게 하는 말들≫(1987), ≪오르드네가, 라바가≫(1994)가 있다. 특히 페미니스트들의 관심을 받은 ≪여성의 수수께끼≫는 프로이트의 여성성 해석을 넘어 새로운 관점에서 여성성과 성차를 다루며 여성주의적 정신분석학의 한 가능성을 보여 준다.

유서연

이화여자대학교 철학과와 동 대학원을 졸업한 후 파리4대학 철학사과에서 데으아(DEA) 학위를 받았고, 파리1대학 철학과에서 박사 과정을 수료했다. 수원대학교와 한국예술종합학교에서 교양철학과 여성주의 미학을 강의했다. 현재 젠더 문제와 여성 철학에 관심을 갖고 글을 쓰고 있으며, '에코페미니즘 연구센터 달과 나무'에서 연구위원 및 부소장으로 일하고 있다. 단독 저서로 ≪공포의 철학≫(동녘, 2017), ≪시각의 폭력≫(동녘, 2021)이 있으며, 공동저서로 ≪디지털 시대의 정체성과 위험성≫(앨피, 2022), ≪우리는 지구를 떠나지 않는다≫(창비, 2023)가 있다. 역서로 ≪고양이 십자수≫(머스트비, 2014), 공역서로 ≪20세기 서양 철학의 흐름≫(이제이북스, 2006)가 있다. 다큐멘터리 <여자의 몸으로 글쓰기: 허난설헌>, <당신의 나이는 몇 살입니까?>를 연출하기도 했다.